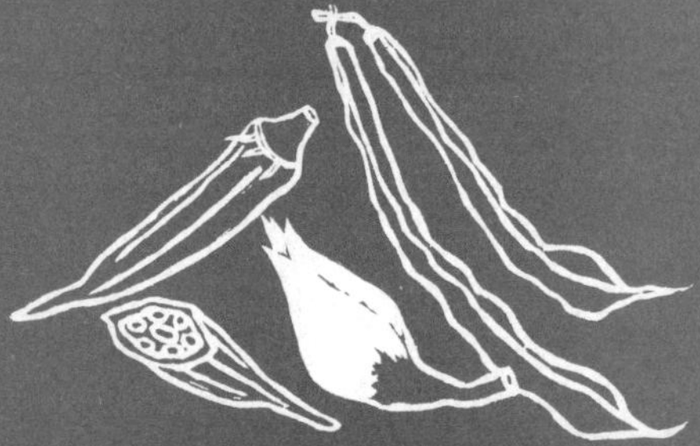

白ごはん.com《ドットコム》
古きよき
家庭料理
実用書

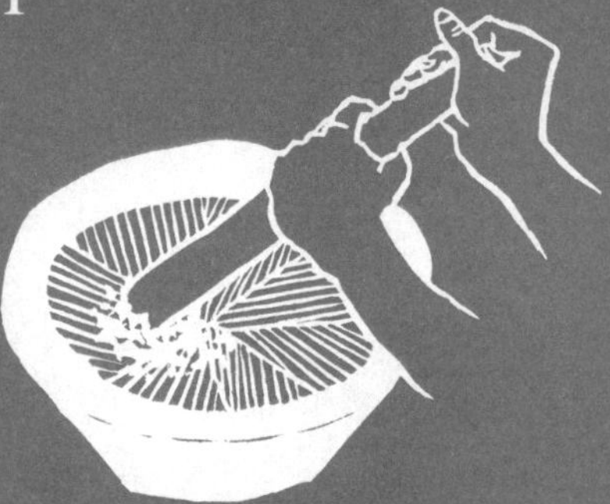

冨田唯介

basilico

白ごはん.com
古きよき家庭料理実用書

素食ともいえる昔ながらのごはんは、旬のものを使い
丁寧に料理をすることで、とても贅沢なものになります。

その“贅沢な素食”を作るには、作りたてを心がけることや、
だしを丁寧に取ること、季節の香りものを添えることなど、
ちょっとした作り手の思いやりがなくてはなりません。

この本は、そんな素敵な料理が並ぶ四季折々の食卓を
イメージして、一つ一つの作り方をできる限り丁寧に、
また季節ごとの素材で応用ができるようにまとめました。

この本がどうか手にとってくれた方の食卓に根づき、
たくさんの贅沢な素食が育まれますように。

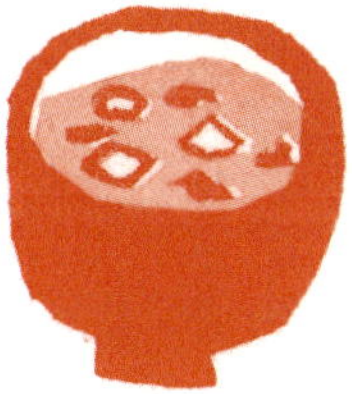

目次

※詳しい料理索引はP.94〜をご覧ください。

●本書の料理には特別な調味料は使用していませんが、できる限り、しょうゆは材料の表記通りに「薄口」と「濃口」を使い分け、みりんは「本みりん」を使用してください。（天然だしを使って作る料理では、調味料の差が仕上がりに大きく影響を与えるため）

●1カップは200cc、大さじ1は15cc、小さじ1は5cc、米の計量での1合は180ccです。

●特筆しない場合の「だし」、「かつおだし」は昆布とかつお節で取っただしのことです。

第一章　ごはんを炊く

当たり前すぎることだけれど、一番大切な〝白ごはん〟。
米の研ぎ方から、鍋炊きの方法まで、
まずは〝おいしく炊く〟ことからはじまります。

もちろんその先には、季節ごとの〝炊き込みごはん〟のおいしさも。
でも決して炊き込みごはんを難しく考えることはありません。
いつものごはんを炊く、ただそこに旬の野菜が入る、
野菜に合わせて〝だし味〟〝塩味〟二つの味付けがある、
それはとてもシンプルな組み合わせなのです。

白ごはんの炊き方

① 米は正確にはかりましょう

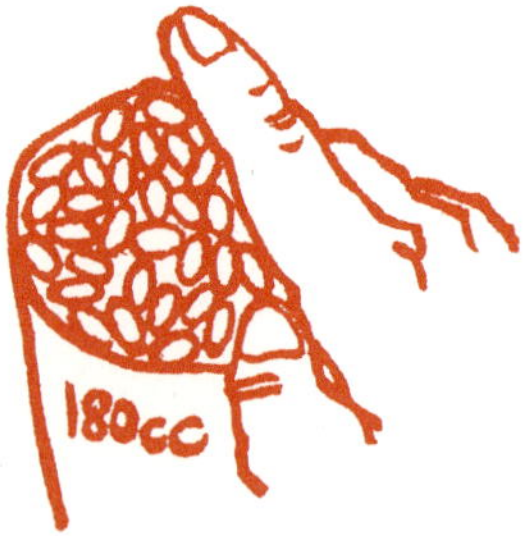

1合＝180ccのカップで、指でならしてすりきりに。

精米したてのお米がおいしいので、お米を購入する時はできるだけ精米年月日の新しいものを。

② 米は手早く洗いましょう

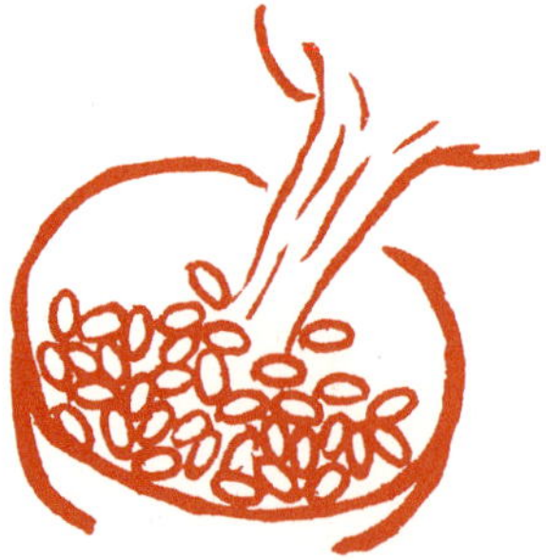

はじめに水を一気に加え、さっとかき混ぜ手早く水を捨てる。

乾燥しているお米は、はじめのぬか臭い水を一番吸いやすいため。

③ 力を入れすぎず、手の平で研ぎます

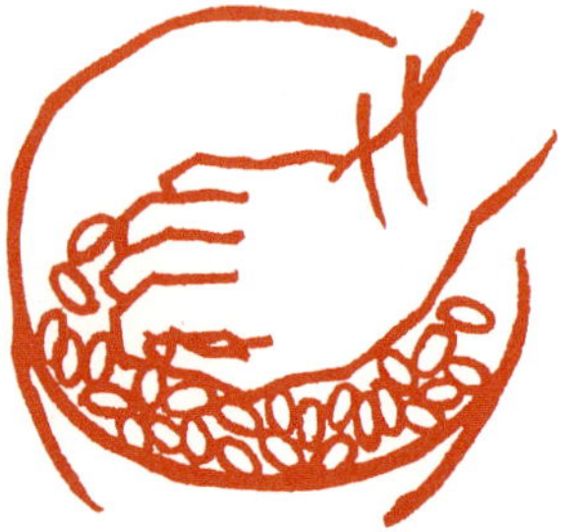

水を切ったお米を底からかき混ぜながら、15回程度手の平で押すように研ぐ。

力を入れすぎるとお米が割れるので、決して力は入れすぎないで。

昔ながらのごはんまわりの道具たち

〈おひつ〉

ごはんの余分な水分を吸って、ごはんをおいしく保ってくれる。使う前にかたしぼりにした布巾でふき上げ、使用後はしっかり乾燥させる。

〈しゃもじ〉

プラスチック製のものも多いが、特別な時は質感のいい木製にかぎる。しっかり水でぬらしてから使う。

〈土　鍋〉

熱の通りがやわらかくごはんがふっくら炊ける。基本的な火加減は、沸いてきたら弱火にして15分程度炊く。

〈羽　釜〉

重たい木の蓋がついた昔ながらのごはん鍋。安定させればガスコンロでもきちんと炊ける。

〈文化鍋〉

鍋炊き時の一番のおすすめ。吹きこぼれがなく、比較的さっぱりめに炊ける。ゆでる、煮るなど何でも使い回せるのもよい。

④ 手で受けながら水を捨てます

たっぷりの水を加えて、手で受けながら濁った水を捨てる。
澄んだ水になるまで水を取り替える。

炊飯器炊きの場合

⑤ おいしい水で、平らなところで水加減

炊飯器の内釜は必ず平らなところで目盛りを合わせる。

できるだけおいしい水を使うとよりおいしくなる。

⑥ 吸水させてから、ごはんを炊きます

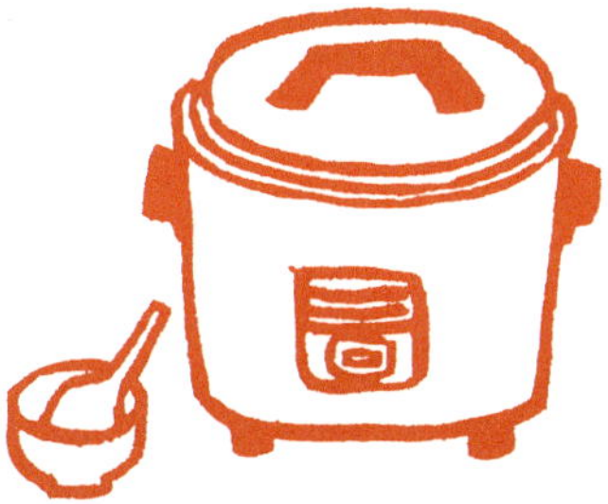

夏なら30分、冬なら1時間程度吸水させてからスイッチを入れる。

炊き上がったごはんは、底から空気を入れるようにさっくりと混ぜ、余分な水分を飛ばす。

鍋炊きの場合

⑤ 浸水させます

鍋炊きと浸水について

- 鍋炊きでは
  ①芯までふっくら炊き上げる
  ②正確に水の量を決める
  これらのために浸水は欠かせません。
- お米の半透明な部分がなくなり、全体が真っ白になれば浸水完了。
- 浸水させたお米さえあれば、鍋で20分でごはんが炊けます。

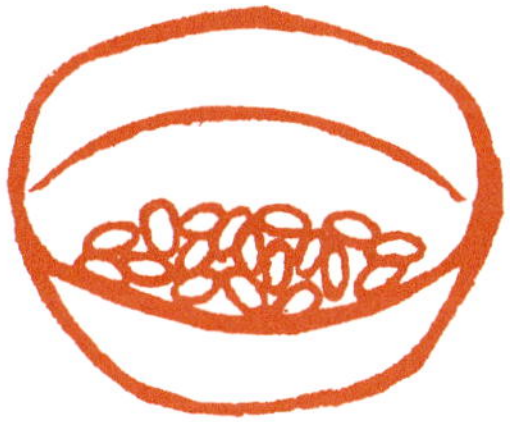

研いだお米にたっぷりの水を入れて、夏は30分、冬なら1時間ほど浸水させる。

⑥ ざる上げして、鍋炊きへ

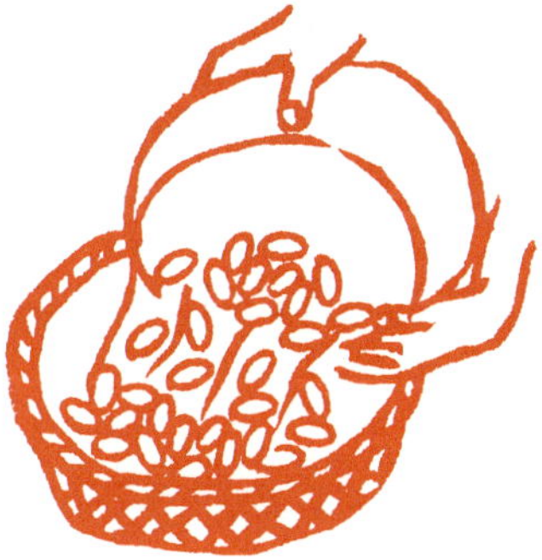

しっかり浸水させて、はじめて鍋炊きごはんが炊ける。

ざる上げしたお米は、すぐに炊かない場合はラップをして冷蔵庫へ。（翌日でもおいしく炊ける）

鍋炊きごはんの炊き方

鍋炊きで重要なことは"水加減"と"火加減"。

前ページにて、浸水させた米が用意できたら、さっそく炊いてみましょう。

・水加減は？

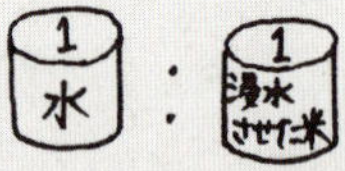

浸水させた米と水が1：1の同量が基本。

※新米の時だけ、1割くらい水を少なくする。

・火加減は？

1. はじめに沸くまで強火。
2. 沸いてきたら、そのまま2分強火。
3. その後3分中火にして、次に5〜7分弱火に。
4. 水がなくなったことを確認して、火を消して10分蒸らす。

・鍋炊きごはんの炊き方の手順

① 下準備

浸水させた米と同量の水を鍋に入れ、手でさっと混ぜて米を均一にならす。

鍋はきっちり蓋のしまるものなら何でも炊けるが、文化鍋やごはん炊き専用鍋でない場合は、吹きこぼれに注意。

↓

② はじめは強火

中の水が沸騰するまで強火にかける。

炊く米の量が少ない場合や、鍋の種類などによって、沸騰がわかりにくいことがあるので注意。

↓

③ 沸騰したら そのまま2分

蓋が浮いて、蒸気が勢いよく出てきたら沸騰の合図。2分間は強火のままで。

はじめのうちは蓋を開けて、完全に沸騰しているかをここで確認するとよい。

④ 中火で3分
弱火にして5〜7分

その後、中火に火を落として3分炊く。
さらに弱火で5〜7分炊く。

炊く量が多いほど弱火の時間を長めに。

↓

⑤ 最後に
10秒くらい強火

中をのぞいて、水が残っていないことを確認し、最後に10秒ほど強火にする。

・残っている水分を飛ばして、芯までふっくら蒸らすための強火。この時のパチパチ焼ける音でおこげを調整する。
・この時点でまだ水が残っている時はさらに弱火で炊く。

↓

⑥ 火を止めて
10分蒸らす

蓋をしたまま、鍋の余熱で10分蒸らす。蒸らすことで、ごはんが芯までふっくらおいしくなる。

蒸らしおえたら、しゃもじで上下をかえすように混ぜ、おひつに移すか、鍋のまま蓋と鍋の間に布巾をはさんでおく。

・何度も炊くことで、好みの炊き加減を見つけることが大切

米、鍋、炊飯器、それぞれによって炊き上がりが変わってくるので、米の銘柄や水の量などを変えてみて自分の好みのごはんを目指して何度となく炊いてみることが大切です。

・ごはんがおいしく炊けたら、炊き込みごはんはもっとおいしい！

ごはんをおいしく炊く基本さえ知っていれば、炊き込みごはんももっとおいしくなります。炊き方、水加減はそのまま。次に紹介する、"だしごはんの地"と"塩ごはんの地"、2つの地（合わせ調味料）で、ごはんは簡単に立派な一品になってくれます。

たけのこごはん　作り方 P.18

しめじごはん 作り方 P.19

五目ごはん 作り方 P.19

ねぎごはん 作り方P.20

ひじきごはん 作り方 P.20

枝豆ごはん 作り方 P.22

もろこしごはん 作り方 P.22

栗ごはん 作り方 P.23

むかごごはん　作り方 P.24

菜めし　作り方 P.24

だしごはんの地で作る炊き込みごはん

＋

＋

だしごはんの地の割合

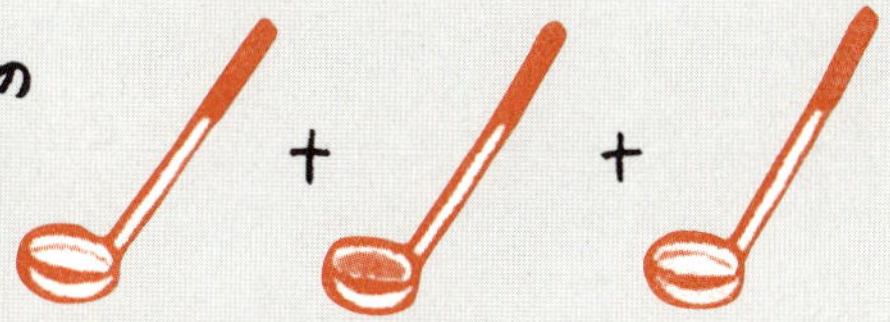

だし10 ＋ 薄口しょうゆ1 ＋ みりん1

2合炊きなら

だし400cc＋薄口しょうゆ40cc＋みりん40cc

3合炊きなら

だし600cc＋薄口しょうゆ60cc＋みりん60cc

炊飯器での炊き方

① 研いだ米をしっかり水切りして、炊飯器の釜に入れる。

② 目盛りに合わせて、必要なだしごはんの地を入れ、30分以上おく。

※米や炊飯器によって、だしごはんの地が余る場合もあるが、必ず目盛りに合わせて地を入れること。

③ 30分以上たったら、具材を加えて炊く。

鍋炊きでの炊き方

研いだ米を浸水させ、浸水させた米と同量のだしごはんの地を合わせ、そこに具材を加えて炊く。

※炊き方はP.8で紹介した鍋炊きごはんの"水"が"だしごはんの地"に代わるだけ。

季節の野菜を炊き込む

春はたけのこやふき、夏はみょうが、秋はきのこ類、冬は白ねぎや里いもなど、一種類だけを炊き込んでも、五目ごはんのようにたくさん炊き込んでも。

油あげをできる限り用意する

かつおだしをきちんと取れば、鶏肉などのうま味の出る具材を加える必要もない。しかし、コクを出すための油あげを細かくきざんで加えるとよりおいしくなる。

たけのこごはん

おいしく作るには

- 生のたけのこをアク抜きして用意する。
- たけのこの穂先を中心に、大きく切って炊き込む。
- 少しでもいいので、香り付けに木の芽を用意する。

材料(4人分)

- 米 3合
- だしごはんの地 約720cc
- ゆでたけのこ(大) 1/2本
- 油あげ 1枚
- 木の芽 適宜

作り方(炊飯器炊き)

1. 下準備として、だしごはんの地をP.17の分量を目安に合わせておく。
2. 研いだ米をしっかり水切りして炊飯器の釜に入れ、3合の目盛りに合わせて必要なだしごはんの地を加え、30分以上おく。
3. ゆでたけのこは、穂先を中心に少し大きめに切る(写真A)。
4. 油あげは熱湯をまわしかけて油抜きし、厚いものは横半分に切ってから5mm角程度の小さい角切りにする(写真B)。
5. ②の釜に具材を入れて炊き上げる(写真C)。
6. 炊き上がったら10分程度蒸らし、食べる時に木の芽を添える。

※鍋炊きの場合は、浸水させた米と同量の地を合わせ、具材を入れて炊く(P.17 だしごはんの地で作る炊き込みごはん参照)。

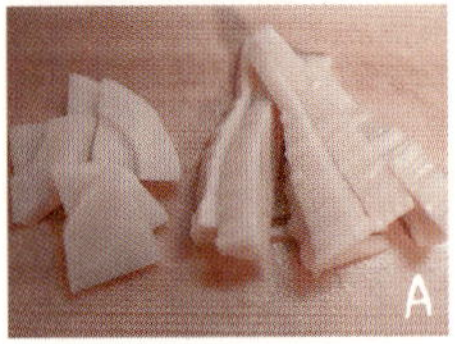
A

B

C

たけのこのゆで方

1. まず先端1/5くらいを斜めに切り落とし、次に切り取った部分に垂直に切れ目を入れる(アクを抜きやすくするため)。
2. 大きな鍋にたけのこ、水に対して1割程度の米ぬか、たけのこ1本に対して唐辛子を1本、種を取らずに入れる。
3. 水を加えて火にかける。沸いてきたら火を弱め、小さいもので2時間、大きいものは3時間を目安にゆでる。
4. 根元のかたい部分に串がすんなり入ればゆで上がり。たけのこはぬかの入ったゆで汁ごと保存する。

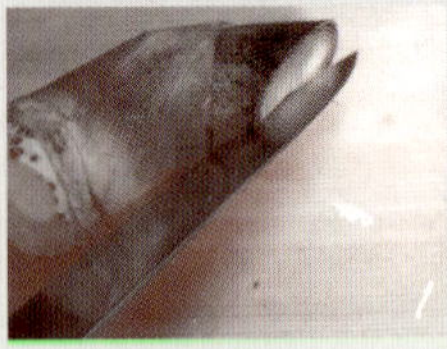
1

2

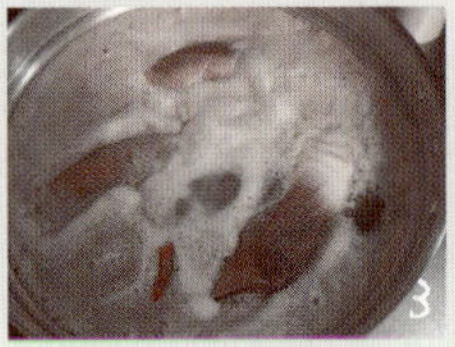
3

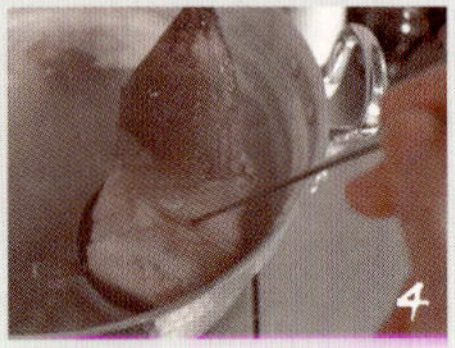
4

五目ごはん

おいしく作るには

・油あげ以外の具材の大きさをそろえて切る。

・干し椎茸のもどし汁は、捨てずにだしごはんの地に使う。

材料（4人分）と炊飯器での作り方

・米3合　・だしごはんの地 約720cc（椎茸だし入りで）

・ごぼう、人参 各1/3本　・干し椎茸4個

・こんにゃく 1/3枚　・油あげ 1枚

※下準備として、干し椎茸のもどし汁とだしを合わせてだしごはんの地を作っておく（P.17参照）。

1. 研いだ米をしっかり水切りして炊飯器の釜に入れ、3合の目盛りに合わせて必要な地を加え、30分以上おく。
2. もどした干し椎茸は薄切り、油あげは5mm角程度の角切りにする。
3. ごぼうはささがきにして（P.55参照）、人参は3cm幅のせん切りか、油あげと同じ大きさの角切りにする。
4. こんにゃくは横切りして厚みを1/2にし、長さ3cm程度の短冊切りにする（さらに塩もみしてから下ゆですると理想的）。
5. ①の釜に具材を入れて炊き上げ、10分程度蒸らす（写真C）。

※鍋炊きの場合はP.17を参照。

写真A：椎茸のもどし汁は使う前に、茶こしなどでごみを取り除くとよい。

写真B：具材の大きさをそろえることで、見た目も味もよくなる。

しめじごはん

おいしく作るには

・米3合にしめじ2パック程度をたっぷり入れる。

・食べる直前に、黄ゆずの皮をふっても香りよくおいしい。

材料（4人分）と炊飯器での作り方

・米3合　・だしごはんの地 約720cc

・しめじ2パック　・油あげ1枚

・黄ゆず 適宜

※下準備としてP.17の分量を目安に、だしごはんの地を作っておく。

1. 研いだ米をしっかり水切りして炊飯器の釜に入れ、3合の目盛りに合わせて必要な地を加え、30分以上おく。
2. しめじは石づきを切り落としてバラバラにする（写真A）。
3. 油あげは5mm角程度の小さい角切りにする。
4. ①の釜に具材を入れて炊き上げる（写真B）。
5. 炊き上がったら10分程度蒸らし、食べる直前に黄ゆずの皮をおろしてふりかける（写真C、P.72参照）。

※鍋炊きの場合はP.17を参照。

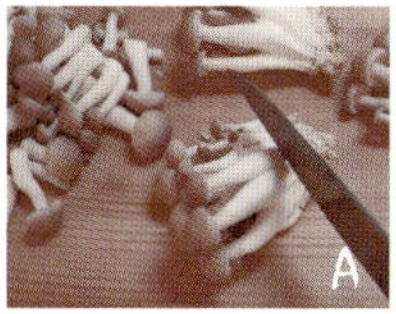

写真B：しめじだけでなく、他のきのこと組み合わせてもおいしい。

写真C：黄ゆずの皮をおろし、はけや竹串でごはんにふりかける。

ひじきごはん

おいしく作るには

・水戻ししたひじきをそのままだしごはんの地で炊く（さっぱり上品な仕上がりにするため）。

材料（4人分）と炊飯器での作り方

・米3合　・だしごはんの地 約720cc
・乾燥ひじき 15g　・人参 1/2本
・油あげ 1枚

※下準備としてP.17の分量を目安に、だしごはんの地を作っておく。

1. 研いだ米をしっかり水切りして炊飯器の釜に入れ、3合の目盛りに合わせて必要な地を加え、30分以上おく。
2. 乾燥ひじきはたっぷりの水で20～30分水戻しする（写真A）。
3. 人参はひじきと同じくらいの大きさのせん切りにし、油あげは5mm角程度の小さい角切りにする（写真B）。
4. ①の釜に具材を加えて炊き上げ、10分程度蒸らす（写真C）。

※鍋炊きの場合はP.17を参照。

写真A：ひじきは爪がすっと入るくらいまでしっかり水戻しする。
写真C：ひじきに濃い味付けをする混ぜごはんとは異なり、さっぱり炊き上がる。

ねぎごはん

おいしく作るには

・ねぎは甘みの強い白ねぎをたっぷり使う。
・だしは必ず"煮干しだし"。煮干しのだしがらも頭、中骨を取り除いて、具として一緒に炊き込む。

材料（4人分）と炊飯器での作り方

・米3合　・だしごはんの地 約720cc（煮干しだしで）
・白ねぎ 3本　・煮干しのだしがら 適宜

※下準備としてP.17の分量を目安に、煮干しだしを使ってだしごはんの地を作っておく（P.38参照）。

1. 研いだ米をしっかり水切りして炊飯器の釜に入れ、3合の目盛りに合わせて必要な地を加え、30分以上おく。
2. 白ねぎは1～1.5cm幅に切り、白い部分と青い部分に分けておく（写真A）。
3. 煮干しのだしがらは、頭とわた、中骨を取り除く（写真B）。
4. ①の釜に白ねぎの白い部分と③の煮干しを加えて炊き上げる。
5. 炊き上がったら白ねぎの青い部分を余熱で火を通すため、蒸らす前に加え、それから10分蒸らす（写真C）。

※鍋炊きの場合はP.17を参照。

写真B：煮干しは身だけにすることで、具材としておいしく食べられる。
写真C：白ねぎの青い部分は、色どりのために後から加える。

塩ごはんの地で作る炊き込みごはん

炊飯器での炊き方

2合炊きなら…小さじ1と1/3の塩を溶かす

小さじ1と1/3の塩

3合炊きなら…小さじ2の塩を溶かす

小さじ2の塩

① 白ごはんを炊く要領で、米を研ぎ、目盛りまで水加減をして30分以上おく。(ここまでは白ごはんと全く同じ)

② 30分以上たったら、分量の塩を加えて軽くまぜて溶かし、具材を加えて炊く。

鍋炊きでの炊き方

水360cc　＋　小さじ1の塩

水360ccに小さじ1の塩を溶かしたものを必要分量用意し、浸水させた米と同量合わせ、そこに具材を加えて炊く。

※炊き方はP.8で紹介した鍋炊きごはんの"水"がこの"塩ごはんの地"に代わるだけ。

＋

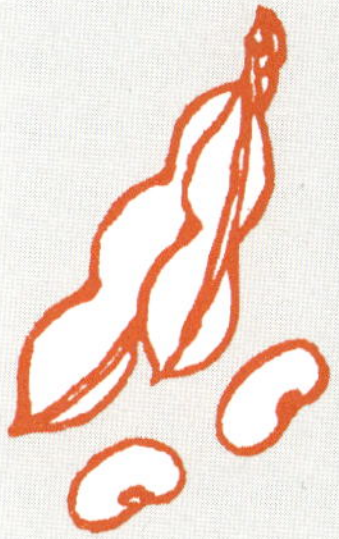

季節の野菜

＋

仕上げに酒をひとふり

季節の野菜を炊き込む

春はえんどう豆、夏はとうもろこしや枝豆、秋は銀杏に栗、冬はさつまいもやむかごなど、そのままゆがいておいしく食べられる野菜を一種類だけ炊き込むとおいしい。

蒸らす前に酒をひとふり

炊き上がって10分蒸らす前に、日本酒をひとふりすればより香りがよくなる。

(米3合に対して大さじ1〜2程度)

枝豆ごはん

おいしく作るには

- 生のサヤ付きの枝豆を用意する。
- サヤから取り出した実は、はじめからごはんと一緒に炊き込む。

材料（4人分）と炊飯器での作り方

- 米3合
- 塩　小さじ2
- 日本酒　適宜
- 枝豆　1袋（サヤ付きで250g程度）

1. 白ごはんを炊く要領で、米を研ぎ、釜の目盛りまで水加減して30分以上おく。
2. 枝豆はサヤごと1分くらいさっと下ゆでして実を取り出す（写真B）。※下ゆでしない場合は、実を取り出した後に薄皮を取り除くためのもみ洗いが必要。
3. ①の釜に小さじ2の塩を加えて、軽く混ぜて溶かし、枝豆の実を入れて炊き上げる（写真C）。
4. 炊き上がったら酒をひとふりして、10分程度蒸らす。

※鍋炊きの場合はP.21を参照。

※枝豆をえんどう豆に代えれば春の豆ごはんに。えんどう豆はサヤから実を取り出しやすいので下ゆでは不要。

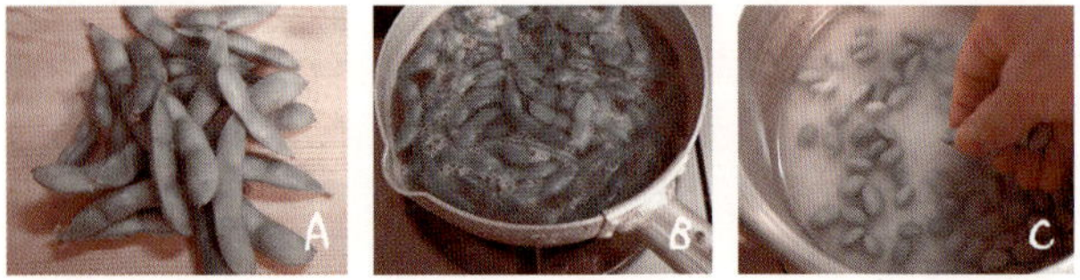

写真A：枝豆は必ずサヤ付きで。枝豆本来の味と香りが楽しめる。
写真C：ゆでたものを後から混ぜる方法もあるが、炊き込んだ方がおいしい。

もろこしごはん

おいしく作るには

- 生のとうもろこしを用意し、実の部分だけを切り落としてごはんと一緒に炊き込む。
- おこげと相性がよいので、鍋炊きでおこげを作ってもおいしい。

材料（4人分）と炊飯器での作り方

- 米3合
- 塩　小さじ2
- とうもろこし　1本
- 日本酒　適宜

1. 白ごはんを炊く要領で、米を研ぎ、釜の目盛りまで水加減して30分以上おく。
2. とうもろこしは長さを1/2～1/3にして実だけを切り落とす。
   方法①　かつらむきの要領で実を切り落とす（写真A）。
   方法②　短く切ったとうもろこしを縦に置いて安定させ、芯だけを残すように、包丁を上から下に動かして実の部分を切り落とす（写真B）。
3. ①の釜に小さじ2の塩を加えて、軽く混ぜて溶かし、とうもろこしの実を入れて炊き上げる（写真C）。
4. 炊き上がったら酒をひとふりして、10分程度蒸らす。

※鍋炊きの場合はP.21を参照。

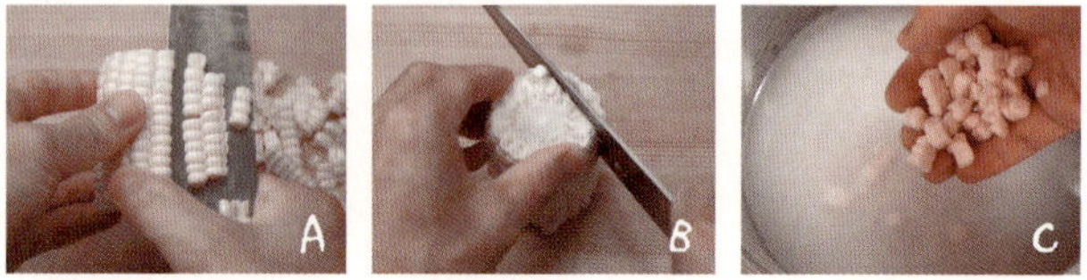

写真A：方法①のかつらむきは手を切りやすいので注意して行う。
写真B：方法②の方が実が細かくなるがより簡単。

栗ごはん

おいしく作るには

- もち米を少量混ぜて炊くことで、パサつきをなくしもっちり炊き上げる。
- 皮をむいた栗は、下ゆでせずにそのまま炊き込む。

材料（4人分）

- 米　2と1/2合
- もち米　1/2合
- 塩　小さじ2
- 栗　500g〜1kg（皮を含む）
- 日本酒　適宜

作り方（炊飯器炊き）

1. 分量の米ともち米を合わせて研ぎ、白ごはんを炊く要領で、釜の3合の目盛りまで水加減して30分以上おく（写真A、B）。
2. 栗の皮をむき、大きければ1/2程度に切り分け、水にさらす。
3. ①の釜に小さじ2の塩を加えて、軽く混ぜて溶かし、栗を入れて炊き上げる（写真C）。
4. 炊き上がったら酒をひとふりして、10分蒸らす。

※鍋炊きの場合は、浸水させた米と同量の地を合わせ、栗を入れて炊き上げる（P.21 塩ごはんの地で作る炊き込みごはん参照）。

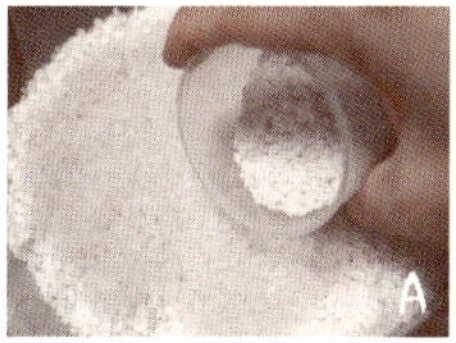

写真A：栗ごはんに限らず、炊き込みごはんをもっちりさせたい時はもち米を少量加えるとよい。
写真B：もち米は普通の米と合わせて、いつも通り研いでから浸水させる。

栗の皮むき

1、まず栗のつやのない下の部分を切り落とす。
※皮むきの前に1時間以上栗を水につけると、皮がやわらかくなってむきやすくなる。

2、1で切り落とした部分から、外皮を手でむく。
※皮がかたい場合は包丁を使う。

3、左手でしっかり栗を持ち、1で切り落とした部分から渋皮をむく。
※実を多く残すために、できるだけ薄く。

4、皮をむいた栗はアク抜きのためにすぐに水につける。

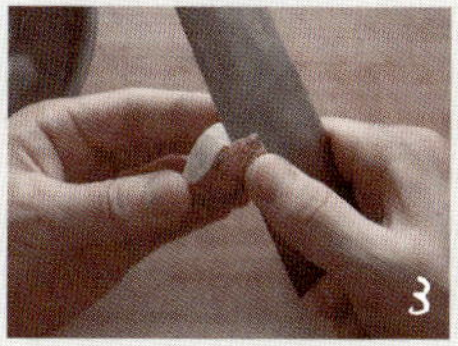

むかごごはん

おいしく作るには

・むかごの強い土の香りが苦手な場合のみ、むかごの表面の薄皮を取り除く。

材料（4人分）と炊飯器での作り方

・米3合　・塩 小さじ2
・むかご 1カップ（約100g）　・日本酒適宜

1. 白ごはんを炊く要領で、米を研ぎ、釜の目盛りまで水加減して30分以上おく。
2. むかごは洗ってそのまま炊いてもよいが、むかごの土の香りが苦手な場合は薄皮をとる。
（むかごをすり鉢の中に入れ、手の平で押しつけるようにごろごろと転がして薄皮をとり、さっと洗い流す（写真A,B））
3. ①の釜に小さじ2の塩を加えて、軽く混ぜて溶かし、むかごを入れて炊き上げる（写真C）。
4. 炊き上がったら酒をひとふりして、10分程度蒸らす。

※鍋炊きの場合はP.21を参照。

むかごとは、長いも、じねんじょなどのやまいもの葉のつけ根にできるもの。下処理がほとんど必要ないので、炊き込みごはんにも使いやすい。

菜めし

おいしく作るには

・まず具材を何も入れずに塩味のごはんを炊き、そのごはんにゆがいてきざんだ青菜をたっぷりと混ぜ込む。

材料（4人分）と炊飯器での作り方

・米3合　・塩 小さじ2
・青菜（大根やかぶの葉） 適宜

1. 白ごはんを炊く要領で、米を研ぎ、釜の目盛りまで水加減して30分以上おく。
2. 青菜はお湯を沸かして、さっと塩ゆでした後に冷水にとり、よく水気をしぼって細かくきざむ。
3. ①の釜に小さじ2の塩を加えて、軽く混ぜて溶かし、具材を何も入れずに塩味のごはんを炊く。
4. 炊き上がって蒸らしを終えたところに、②の青菜をさらにもう一度しぼってから加え、さっくり混ぜ合わせる（写真B、C）。

※鍋炊きの場合はP.21を参照。

※菜めしのもう一つの作り方は、②の青菜に塩を加えて、白ごはんと合わせる方法。その場合も白ごはん3合分に対して塩小さじ2。

写真B：水気の残った青菜を混ぜると菜めしが台無しに。
写真C：おにぎりにする場合は少しかために炊いても。

第二章　だしをひく

昔からずっと続いてきた日本の台所仕事の中で、ごはんを炊くのと同じくらい自然なことのひとつに〝だしをひく〟ことがありました。

もちろんそれは、だしがないとおいしい料理ができないから。

家庭でだしをひくことが少なくなった今だからこそ、丁寧に取っただしのおいしさを、家庭で守っていきたいものです。

おいしいだしをひくには、昆布やかつお節にこだわるよりも、何よりもその分量をきちんとはかり、火加減や加熱時間をきちんと知ることが大切なのです。

豆腐と椎茸のお吸物　作り方 P.34

沢《さわ》煮《に》椀《わん》 作り方 P.35

もずくスープ 作り方 P.35

かき玉汁　作り方 P.36

若竹汁　作り方 P.36

はまぐりのうしお汁 作り方 P.37

鯛のうしお汁 作り方 P.37

夏の味噌汁（茄子とオクラ） 作り方P.39

春の味噌汁（クレソンとかぶ） 作り方P.39

冬の味噌汁（大根と油あげ）　作り方 P.40

秋の味噌汁（なめこと豆腐）　作り方 P.40

昆布とかつお節のだしの取り方

おいしいだしを取るには

・昆布だけ、かつお節だけではなく、2つを一緒にだし取りした方が断然おいしい!

・昆布とかつお節の分量は、水に対してそれぞれ1%が基本。

・昆布はいつでもじっくり時間をかけて。かつお節は用途に合わせて時間を変える。

昆布とかつお節のだしの分量

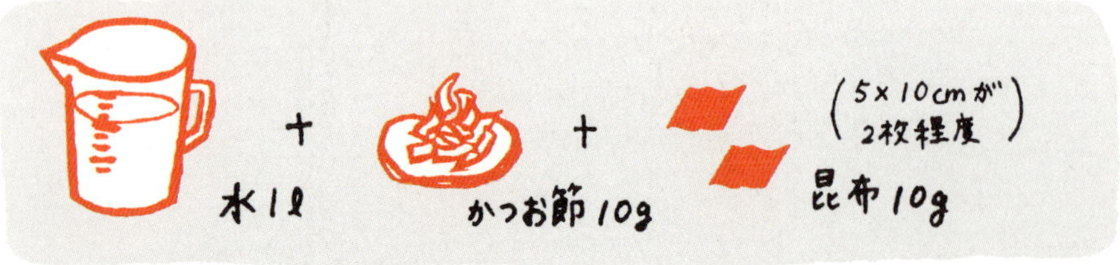
水1ℓ
+
かつお節10g
+
(5×10cmが
2枚程度)
昆布10g

・はじめは昆布とかつお節の分量をきちんとはかって、慣れてきてから目分量で。

・しっかりだしの味をきかせたい料理には、昆布とかつお節の分量を水に対して1.5〜2%まで増やすと、濃い目のだしが取れる。

(よく聞く"2番だし"は、家庭ではだしがらの分量が少ないので不向き。それよりも一回でしっかりとだしのうま味を引き出すことが大切。だしがらは冷凍しておいて、まとめて佃煮やふりかけにすると無駄がない。→P.86昆布の佃煮参照)

かつお節のこと

枯節

時間をかけてカビをつけて作る"枯節(かれぶし)"と、カビをつけずに、かつおを煮ていぶして作る"荒節(あらぶし)"の2種類がある。

・枯節…　日本料理の吸物には欠かせない、まろやかな風味と上品な香りの高価なかつお節。

・荒節…　家庭のおかず用のだしに適した、まろやかさはないが、味も風味もしっかりと出るかつお節。

昆布のこと

昆布

・日高、利尻、羅臼、真昆布など、昆布には産地によって様々な種類がある。その中でも日高昆布は煮て食べるのに適しているので、だし取りには不向き。

・日持ちするものなので、ある程度まとめて購入した方が経済的。

昆布とかつお節のだし取りの手順

①

昆布は30分以上水につけておく

昆布を水につけておくのは

昆布のうま味をスムーズに引き出すため。前日からでも、1時間前からでも、冷蔵庫に入れておくとよい。

※昆布を水につけておく時間がない場合は②のじっくり火を入れる方法を必ず行う。

②

鍋の水が10分くらいで沸騰する火加減にする

じっくり火を入れるのは

昆布のうま味をしっかり引き出すにはせめて10分は必要だから。昆布をお風呂に入れてあげるつもりで。

※この間に分量のかつお節とだしをこす道具を用意しておくとよい。

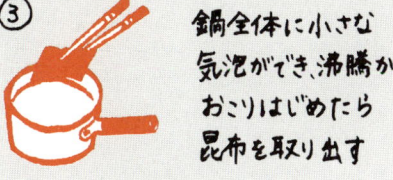

③

鍋全体に小さな気泡ができ、沸騰がおこりはじめたら昆布を取り出す

昆布を取り出すのは

鍋のだしが完全に沸騰するまで入れておくと、昆布のアクが出て、昆布臭いだしになってしまうから。

④

昆布を取り出した後一度完全に沸騰させ、火を止める

沸騰させた後、一度火を止めるのは

ぐつぐつ沸いているところにかつお節を入れると、節がスムーズにだしの中に入っていかないだけでなく、雑味も多く出てしまうから。

火を一度止めるか、お玉1杯分の差し水をしてからかつお節を入れる。

⑤

かつお節を入れた後に再び弱火にしてうま味を引き出す

お吸物の場合は

再び火をつけた後、さっとアクを取り、1〜2分で⑥のざるごしへ。
(かつお節の雑味を出さない方法)

おかずや味噌汁の場合は

再び火をつけた後、5分程度じっくり弱火で火を入れて、アクを取ってざるごしへ。
(かつお節のうま味をしっかり引き出す方法)

⑥

布巾やキッチンペーパーをざるにのせてこす

布巾やキッチンペーパーを使うのは

ざるだけだとかつお節の粉がだしに残ってしまい、吸物に適さないばかりか、だしが傷むのが早くなってしまうから。

※時間のない時や、おかず用のだしの場合は、布巾を使わずにざるや茶こしなどだけで手軽にすませてもよい。

※夏場は熱いだしを急冷すると日持ちがよくなる。

豆腐と椎茸のお吸物

おいしく作るには

- だしの取り方は、かつお節をさっと煮出す方法で(P.33参照)。
- 吸物の味付けの基本は、だし600ccに塩、薄口しょうゆ各小さじ1弱。
- 季節の香りを添える吸い口を用意する。

材料(4人分)

- だし 600cc
- 塩、薄口しょうゆ 各小さじ1弱
- 豆腐 1/2丁
- 椎茸 4個
- かまぼこ 1/2本
- 三つ葉 1/2束
- 木の芽やゆず 適宜

1. 豆腐はひと口大より少し大きめに、椎茸はひと口大の大きさに切る。
2. かまぼこは7mm幅に、三つ葉は結びやすくするために、あたたまっただしにさっと通した後、結び三つ葉にする。
3. 黄ゆずの皮をへぎ切りにして、さっと水に通してアクを抜き、水気をふき取っておく(P.72 木の芽やゆずを食卓に 参照)。
4. だしを鍋に入れ、あたたまったら塩、薄口しょうゆで味を整える(写真B)。そこに豆腐と椎茸、かまぼこを入れて軽く火を通す(写真C)。
5. 椀に豆腐、椎茸、かまぼこ、三つ葉を先に盛り付け、上からあつあつのだしをそそぎ入れ、最後に黄ゆずの吸い口を盛る。

写真B：味付けは必ず薄口しょうゆで。だしをぐつぐつ煮立てないことも大切。
写真C：あたたまりにくい豆腐などは、弱い火加減でじっくりあたためる。

少し椀種を代えて

季節の吸い口はもちろん、メインの具材である椀種(わんだね)を代えることで、お吸物は家庭でも四季折々楽しむことができます。

1. 玉子豆腐のお吸物

P.70の玉子豆腐を椀種に、ゆでたそうめんや三つ葉を組み合わせて。

2. 白玉だんごのお吸物

P.91の白玉だんごも、おやつだけではなく、椎茸や三つ葉と合わせることで立派な椀種に。

沢煮椀

おいしく作るには

・香りのよい野菜をたくさん用意して、口当たりをよくするために、できるだけ細いせん切りに。

材料と作り方（4人分）

・だし 600cc　・塩、薄口しょうゆ 各小さじ1弱
・人参、みょうが、三つ葉、椎茸、白ねぎ、ごぼう 適宜
（せん切りにした野菜をひとつまみずつ取り合わせて1人前）

1 野菜はそれぞれ3cmくらいの長さになるように切る。
・人参、みょうがは細いせん切り（P.88参照）。
・白ねぎは白髪ねぎ、椎茸は厚みを1/2にして薄切り。
・ごぼうは細めのささがき（P.55参照）。
・三つ葉は3cm幅に切る。
※椎茸以外は水にさらして、水気を切っておく（写真A）。

2 椀にごぼう以外の野菜をひとつまみずつ入れておく。

3 だしを沸かし、塩、薄口しょうゆで味を整えた中に、ごぼうを入れてさっとひと煮する（写真B）。

4 ごぼうに火が通ったら、先に用意した②の椀にごぼうとあつあつのだしをそそぎ入れる（写真C）。

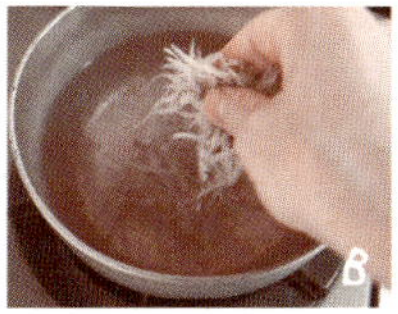

沢煮椀は本来豚の背脂を加えるが、野菜だけでも十分。
春にはうどのせん切りや、たけのこの姫皮（先端部分）を入れても。

もずくスープ

おいしく作るには

・いつもの吸物の味付けに、生姜のしぼり汁をきかせる。

・きざみねぎは水の中でよくもんで、辛味を和らげる。

材料と作り方（4人分）

・だし 600cc　・塩、薄口しょうゆ 各小さじ1弱
・もずく（生食用）100g　・生姜 ひとかけ
・青ねぎ 適宜

1 もずくはさっと水で洗い、食べやすい長さに切る。

2 生姜は皮ごとすりおろし、しぼって汁だけにしておく。

3 青ねぎはできるだけ細かくきざみ、水の中に入れて手でよくもむ。そのまま食べてみて辛くない状態になったら、両手を使ってしっかりと水気をしぼる（写真A、B）。
※もともと辛くない薬味ねぎなら、水にさらす必要はない。

4 だしを沸かし、塩、薄口しょうゆで味を整える。もずくを加えてさっとあたため、仕上げに②の生姜のしぼり汁を適宜加え、用意したきざみねぎを盛る（写真C）。

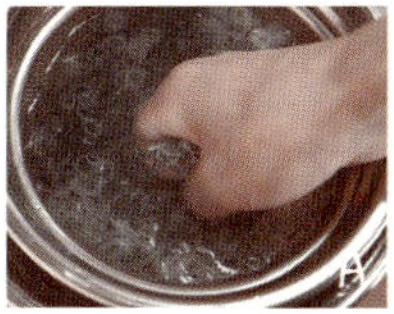

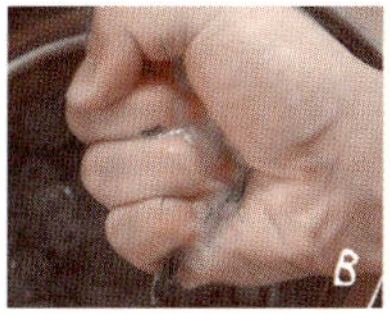

写真A："洗いねぎ"といわれるように、ため水の中でしっかりもみ洗いをする。
写真B：手に力を込めて、ねぎのぬめりをしっかりとしぼり出す。

かき玉汁

おいしく作るには

・卵が具として入るので、いつもの吸物よりも濃い目に味付けをする。

・季節や天候によってとろみ具合を変える。

材料と作り方（4人分）

・だし 600cc　・卵 2個
・塩 小さじ1弱　・薄口しょうゆ 小さじ2弱
・麩（小）12個　・三つ葉 1/2束
・かたくり粉 小さじ1〜2
（小さじ2で、寒い冬でも冷めにくい強いとろみに）

1. 麩は水につけて戻しておき、三つ葉は2〜3cm幅に切る。
2. 卵はよく溶きほぐし、かたくり粉は同量の水で溶いておく。
3. だしを沸かし、塩、薄口しょうゆで味を整える。
4. そこに水気を軽くしぼった麩を加え、水溶きかたくり粉を加えながら手早く混ぜてとろみをつける（写真B）。
5. 再び軽く煮立たせた中に、溶き卵をはしにつたわせるように手早く流し入れ、仕上げに三つ葉を入れる（写真C）。

写真A：椎茸やかまぼこなどを入れて、具だくさんにしても。
写真B：かたくり粉は、必ず沸いているだしに、かき混ぜながら入れる。

若竹汁

おいしく作るには

・たけのことわかめと木の芽、できるだけすべての材料を旬の時期に生のものを用意して作る。

材料と作り方（4人分）

・だし 600cc　・塩、薄口しょうゆ 各小さじ1弱
・たけのこ（小）1/2〜1本　・生わかめ 50g
・木の芽 適宜

1. たけのこは下ゆでしてアクを抜き（P.18参照）、穂先を中心に7mm幅くらいの薄切りにする（写真A）。
2. 生わかめは筋を切り取り、適当な大きさに切り分け、熱湯でさっとゆがいて冷水にとり、水気を切っておく。
3. だしを沸かし、塩、薄口しょうゆで味を整える。
4. 味付けしただしにたけのことわかめを加え、3分程度弱火で炊く。具材からの水気で味が薄くなっていないかを確認した後、椀に盛り、吸い口に木の芽をのせる（写真B、C）。

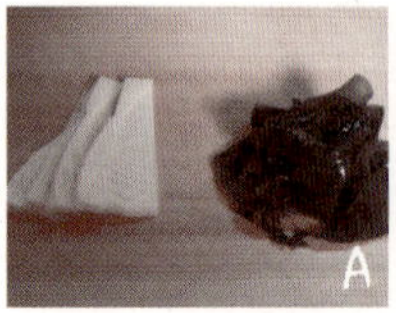

写真B：たけのこやわかめは味がのりにくいので数分炊く。特にわかめは別鍋で塩味をつけただしに20〜30分ひたしてもよいくらい。

鯛のうしお汁

おいしく作るには

・鯛のアラは必ず水から昆布と一緒に炊く。

・魚臭くない澄んだ汁にするためにも、アラの下処理は欠かせない。

材料と作り方（4人分）

・鯛のアラ（頭と中骨）　500g程度
・水1ℓ、昆布10g、日本酒 大さじ2
・塩 小さじ1と1/2　・ねぎや木の芽 適宜
※素材からうま味を引き出す吸物なので、だしは使いません。

1. 鯛のアラはうろこを取ってぶつ切りにする。（慣れない場合は、購入時に調理してもらうとよい）
2. ①のアラをボウルに入れ、塩小さじ1と1/2を全体にふり、1時間おく（写真A）。
3. ②のボウルの中に熱湯をそそぎ霜降りする。表面が白くなれば水に落とし、うろこの残りを手で取り除く（写真B）。
4. 鍋に③のアラと、分量の水、昆布、酒を入れて火にかける。沸いてきたらアクを取って、昆布を取り出す（写真C）。
5. 弱火で10分くらい火を入れ、味を見てもし塩が足りなければ適宜加え、食べる時にねぎや木の芽を添える。

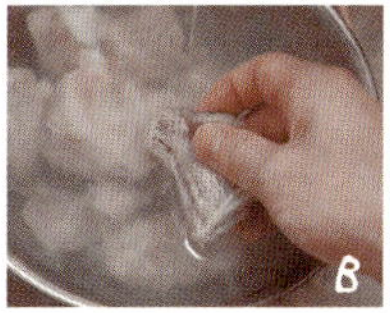

写真A：たっぷりの塩で、味をつけると同時に魚の臭みを抜く。
写真C：必ず水から火にかけ、鯛のおいしさを引き出す。

はまぐりのうしお汁

おいしく作るには

・鯛のうしお汁と同様に、必ず水から火にかける。

・口が開いて火の通ったはまぐりは順次取り出す。

材料と作り方（4人分）

・はまぐり 20個（1人あたり4〜5個）
・水1ℓ、昆布10g、日本酒 大さじ2
・ねぎや木の芽 適宜
※素材からうま味と塩味を引き出す吸物なので、だしと塩は使いません。

1. はまぐりは海水程度の塩辛い塩水で砂出しをする。
2. 砂出ししたはまぐりは、貝同士をこすり合わせるようにしてもみ洗いする（写真A）。この時、貝同士を軽く打ち合わせ、鈍い音がする貝は鮮度がよくないので除いておく。
3. 鍋に②のはまぐりと、分量の水、昆布、酒を入れて、5分以上たってから沸くくらいの弱い火加減でじっくりとおいしさを引き出す（写真B）。
4. だしが沸く頃に、はまぐりが1つ、2つと口を開きはじめるので、アクを取りつつ順次取り出していく（写真C）。
5. 残っただしの味を見て、もし塩が足りなければ適宜加え、はまぐりを入れた椀にそそぎ、ねぎや木の芽を添える。

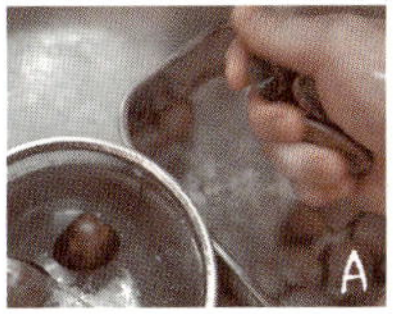

写真A：貝ごとだしを取るので、表面のよごれやぬめりをしっかり取り除く。
写真C：火が通ったはまぐりを炊き続けると、身がかたくなってしまう。

味噌汁の作り方

おいしい味噌汁を作るには
- 上品に仕上がるかつおだしと、家庭的な味になる煮干しだしを、好みで使い分ける。
- 季節によって味噌の組み合わせを変え、吸い口を添える。
- 味噌を溶き入れた後は、決して煮立たせない！

煮干しだしの分量と取り方

水1ℓ ＋ 煮干し10g ＋ 昆布10g（5×10cmが2枚程度）

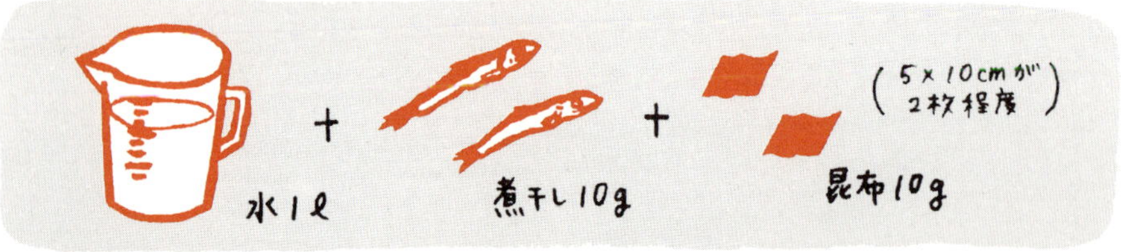

① 火にかけてだし取り → 煮干しの香りが強く、味噌汁に適しただしに。
- 鍋に材料を合わせて30分以上おき、そのまま火にかける。
- 沸騰直前に昆布を取り出し、アクを取りつつ弱火で3分程度煮出してからざるごしする。

② 火にかけずに水出し → かつおだしの代わりにもなる上品なだしに。
- 材料を合わせて一晩おき、火にかけずに材料を取り出して使う。
- 火にかけないので、煮干しの強い香りは出ずに、うま味だけが自然に出ただしになる。
→ 汁ものだけでなく、おひたしなどのおかずにも、かつおだしの代わりに使える。

※ ①②のだし取りでは共に煮干しの頭とわたを取り除く必要はない。煮干しの風味を強く出したい時は①、出したくない時は②のだしと使い分けるとよい。

味噌の組み合わせ方

夏は赤味噌主体でさっぱりと　　冬は白味噌主体でコクを出して

製法の違う味噌を2種類くらい混ぜ合わせるとおいしい味噌汁に。
- 味噌は米味噌、豆味噌、麦味噌など製法や産地によって香りや味が様々。
- 混ぜ合わせ方は、こうじや製法の違う"赤味噌、もしくは赤っぽい味噌"と"白味噌、もしくは白っぽい味噌"の2つを組み合わせ、季節によって割合を変えると理想的。

春の味噌汁（クレソンとかぶ）

春は苦味の強い野菜が多く、味噌汁にもぜひ合わせたいもの。その中でも、クレソンは手軽に求めやすく、冬の名残のかぶとの相性もよいのです。

材料と作り方（4人分）

・好みのだし 600cc
・赤味噌と白味噌 計大さじ4程度（好みの割合で）
・クレソン 1束　・かぶ（中） 2個
・油あげ 2枚

1 クレソンは一番太い軸以外を、5cm程度の長さに摘んでおく。

2 かぶは皮を厚めにむいて、縦半分に切ってから、1cm幅のくし切りに。油あげは油抜きしてから短冊切りに。

3 だしを沸かしてかぶに火を通した後、油あげを加え、再度あたたまったら味噌を溶き入れる（写真B）。

4 ①のクレソンを椀に入れ、あつあつの汁をそそぐ（写真C）。

写真B：味噌を溶き入れる前に、具材にしっかり火を通す。
写真C：味噌を溶き入れた後は、決して煮立たせずにあたためる。

夏の味噌汁（茄子とオクラ）

暑い夏はこってりした味噌汁は好まれないもの。赤味噌主体でさっぱりと仕上げ、さらに大葉やみょうがのせん切りを吸い口にすると、さわやかさが増します。

材料と作り方（4人分）

・好みのだし 600cc
・赤味噌 大さじ3強、白味噌大さじ1弱程度
・茄子 1本　・オクラ 4本
・ごぼう 1/3本　・みょうが 1個

1 茄子はひと口大の大きさに切って水にさらし、水気をふき取ってから、大さじ2の油（分量外）を入れたフライパンで8分通り焼いて火を通す（写真A）。

2 ごぼうはささがきにして（P.55参照）、オクラはかためにゆでた後、1/2の長さに切る。

3 みょうがは細めのせん切りにする（P.88参照）。

4 だしを沸かしてごぼうに火を通した後、味噌を溶き入れ（写真B）、①、②の残りの具材を加えてあたためる（写真C）。食べる時にみょうがのせん切りを盛る。

写真A：茄子を多めの油で焼くことで、味噌汁にコクを出す。
写真C：油で焼いた茄子は時間がたっても紫色のまま。

秋の味噌汁（なめこと豆腐）

秋の定番の"なめこと豆腐の味噌汁"も丁寧なきざみ三つ葉や洗いねぎを合わせることで、少し贅沢なよそゆきの味噌汁に仕立てることができます。

材料と作り方（4人分）

- 好みのだし 600cc
- 赤味噌と白味噌 計大さじ4程度（好みの割合で）
- なめこ 1パック
- 絹ごし豆腐 1/2丁
- 三つ葉（軸のみ） 1/2束

1. なめこはそのまま使うか、ざるに入れて熱湯をまわしかけてから使うか、好みによって使い分ける（なめこのぬめりが好きな場合はそのまま使う）。
2. 豆腐はなめこと同じくらいの大きさの角切りにする。
3. 三つ葉は軸だけを細かくきざみ、水にさらしてアクを抜き、水気をよく切っておく（写真A）。
4. だしを沸かしてなめこと豆腐を入れ、あたたまったら味噌を溶き入れる（写真B、C）。仕上げに③の三つ葉を散らす。

写真A：三つ葉は軸だけを使った方が、香りと食感がよい。
写真B：なめこ特有のぬめりは、できるだけそのまま使って楽しみたい。

冬の味噌汁（大根と油あげ）

寒い季節には、味噌汁も甘味の強い白味噌をたくさん使って、体があたたまる汁に仕上げたいもの。大根と油あげを具材に、七味唐辛子をふりかけて。

材料と作り方（4人分）

- 好みのだし 600cc
- 白味噌 大さじ3強、赤味噌大さじ1弱程度
- 大根 1/3～1/4本（200g程度）
- 油あげ 2枚
- 七味唐辛子 適宜

1. 大根と油あげは、長さを3cmくらいに合わせて少し太めのせん切りにする（写真A）。
   ※油あげは熱湯をまわしかけて油抜きしてから。
2. だしを沸かしてまず大根に火を通した後、油あげを加える（写真B）。
3. 再度あたたまったら味噌を溶き入れ、食べる時に七味唐辛子をふる（写真C）。

写真B：味噌汁の具としての大根は、しっかり火を入れてやわらかく。
写真C：寒い日には白味噌だけで、味噌汁にコクを出してもよい。

第三章　副菜と味付け

料理の味付けには、大きく分けて次の二種類があります。

一、筑前煮などの煮物のように、
〝調味料を加えながら〟味を作っていく料理。

二、おひたしや前述の炊き込みごはんのように、
〝調理の前に調味料を合わせて〟味を決めてしまう料理。

実践的で覚えやすいのは、〝調理の前に味を決める〟後者の料理です。
おひたしやごま和え、酢の物にきんぴらなどの昔ながらの副菜は
実はこの手法で失敗なく作ることができるのです。

山菜のおひたし 作り方 P.50

夏野菜の揚げびたし 作り方 P.50

水菜と厚あげの煮びたし　作り方 P.51

ほうれん草のおひたし　作り方 P.51

春から夏のごま和え 作り方 P.53

秋から冬のごま和え 作り方 P.53

きんぴらごぼう　作り方 P.55

きゅうりの酢の物　作り方 P.55

五目きんぴら　作り方 P.56

大根おろしの酢の物　作り方 P.56

おひたしの地の割合と作り方

おひたしの作り方

1. おひたしの地を右の割合で8：1：1に合わせて、火にかけずに作る。
※お玉でも大さじでも、作りたい分量に合った容器で。

2. ひたし方は素材によって3通り。「ゆでる」「揚げる」「煮る」方法で。

おひたしの地の割合

おひたしの作り方①

素材をゆがいて、おひたしの地にひたす

・青菜、きのこ、山菜などをゆがいて冷水にとり、しっかり水気をしぼってから地にひたす。

・素材にもよるが、1～3時間くらいで食べ頃に。

（春夏は、せり、菜の花、山菜、オクラ、三つ葉など。秋冬は、ほうれん草、小松菜、水菜、きのこなど。）

おひたしの作り方②

素材を揚げて、おひたしの地にひたす

・油と相性のよい、夏野菜や冬の根菜類などを、油で素揚げして、あたたかいうちに地にひたす。

・素材にもよるが、根菜類などは半日程度で食べ頃に。

（夏は、茄子、パプリカ、かぼちゃ、アスパラ、ズッキーニなど。冬は、れんこん、人参、ごぼう、きのこ、里いもなど。）

おひたしの作り方③

素材をおひたしの地で煮て作る

・油あげ、厚あげ、さつまあげなどを具材に、野菜と合わせておひたしを作る場合は、軽く火を入れたいので、ひたし地を沸かした中で、素材をさっとひと煮する。

・あつあつを食べても、冷まして食べてもお好みで。

山菜のおひたし

春にしか食べられない山菜をたっぷり使ったおひたしは、何より贅沢なもの。「たけのことせり」「たけのことふき」などのシンプルな組み合わせでもおいしいです。

材料と作り方（4人分）

・たけのこ、ふき、せりなどの好みの山菜 適宜
・おひたしの地 適宜
※下準備として、おひたしの地を作っておく。
（4人分なら、だし400cc、しょうゆ50cc、みりん50ccを目安に）

1 P.42の写真のおひたしには、たけのこ、ふき、こごみ、せり、うるいを使用。

2 たけのこは下ゆでして、ひと口大に切る（P.18参照）。

3 ふきは多めの塩で板ずりをしてからゆで（写真A）、冷水にとって筋を取り除き、3cm幅に切る。

4 こごみ、せり、うるいは山菜の中でもアクが少ないので、特に下処理せずに、それぞれゆでてからひと口大に切る。

5 用意した山菜の水気をしっかりふき取り（写真B）、おひたしの地につける（写真C）。3時間くらいで食べ頃になり、好みで木の芽を添える。

写真A：ふきは板ずりすることで、ゆでた時に色よく仕上がる。
写真B：手でしぼれない野菜は、タオルや布巾を使って水気をふき取る。

夏野菜の揚げびたし

夏はいつものおひたしを揚げびたしにして、油のコクで食べやすくしても喜ばれます。前日から用意しておけるので、おもてなし料理としても最適です。

材料と作り方（4人分）

・茄子、オクラ、ピーマンなどの夏野菜 適宜
・おひたしの地 適宜
※下準備として、おひたしの地を作っておく。
（4人分なら、だし400cc、しょうゆ50cc、みりん50ccを目安に）

1 P.43の写真の揚げびたしには、茄子、オクラ、甘長ピーマン、かぼちゃ、ズッキーニ、アスパラ、パプリカを使用（写真A）。

2 野菜はそれぞれひと口大に切り、茄子だけ水にさらしてアクを抜く。揚げる前に水気をしっかりふき取っておく。
※オクラやピーマンを丸のまま揚げる場合は、破裂しないように必ず切り込みを入れる（写真B）。

3 170℃くらいに熱した油で野菜を素揚げする（写真C）。しっかり油をきって、あたたかいうちにおひたしの地につける。5～6時間で食べ頃になるが、翌日でも十分においしく食べられる。

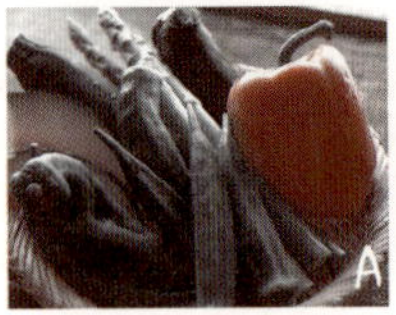

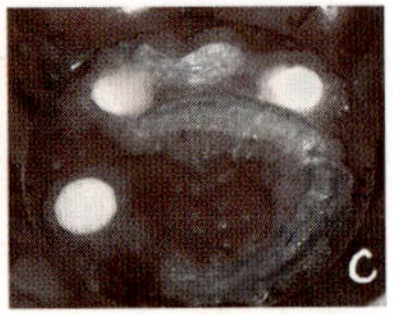

写真B：包丁の先で刺す程度でいいから、切り込みを入れると破裂しない。
写真C："素揚げ"とは、野菜に衣も何もつけずに揚げることをいう。

ほうれん草のおひたし

おひたしの代表格である“ほうれん草のおひたし”。ほうれん草は、根元をしっかりそうじして土を落とすことで、根元を捨てることなく食べることができます。

材料と作り方（4人分）

・ほうれん草　1束　・しめじ　1パック
・おひたしの地　300cc程度
※下準備として、おひたしの地を作っておく。
（だし240cc、しょうゆ30cc、みりん30ccを目安に）

1. ほうれん草は根元を上にして手で持ち、包丁で切り込みを十文字に細かく入れる（写真A、B）。
2. ため水の中で、切り込みを入れた根元部分をもむように洗って土を落とす（写真C）。
3. ほうれん草と石づきをとったしめじを塩ゆでし、冷水にとって冷ました後、よく水気をしぼる。
4. しめじはそのまま、ほうれん草は3cm幅に切ってからもう一度水気をしぼって、おひたしの地につける。2～3時間くらいで食べ頃になる。

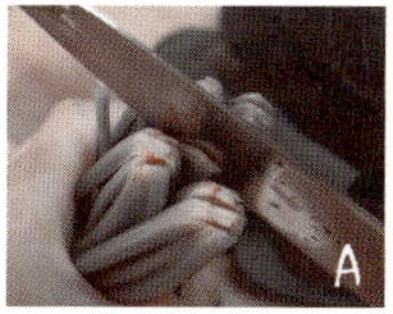

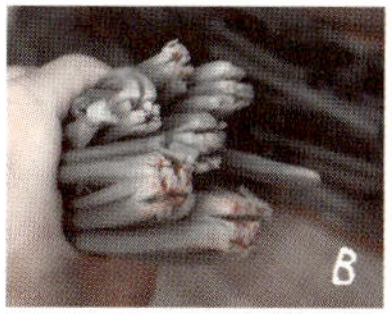

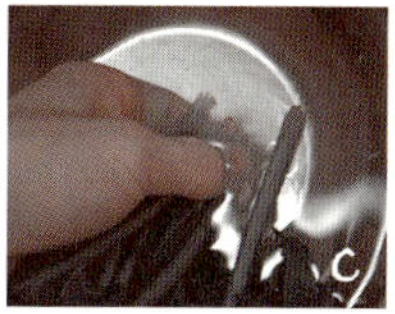

写真A：ほうれん草の根元に、何度も切り込みを入れる。
写真B：しっかり切り込みが入った状態。

水菜と厚あげの煮びたし

寒い冬は、厚あげや油あげを野菜と一緒に煮て作る“煮びたし”が便利。ものの数分でできるので、食卓に出す直前にさっと煮て、あつあつを食べてもらいましょう。

材料と作り方（4人分）

・水菜　1束　・厚あげ（大）1枚
・おひたしの地　300cc程度
※下準備として、おひたしの地を作っておく。
（だし240cc、しょうゆ30cc、みりん30ccを目安に）

1. 水菜は3cm幅、厚あげはひと口大に切る。
2. 鍋におひたしの地を入れて火にかける（写真A）。
3. おひたしの地が沸いてきたら、まず厚あげを加えて、芯までしっかりあたためる。
4. 次に水菜を加え、さっとひと煮する（写真B、C）。

※ほうれん草や小松菜で煮びたしを作る場合は、野菜のアクが強いので、おひたしの地で炊く前に下ゆでをするとよい。

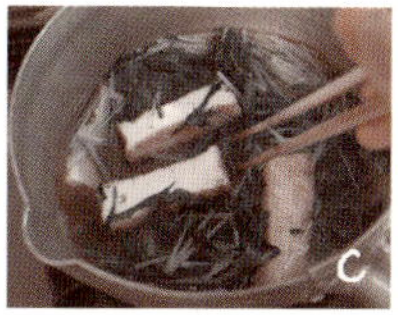

写真A：水菜のかさを考えて、少し大きな鍋で作るとよい。
写真B：厚あげの代わりに、油あげやさつまあげ、桜えびなどでもおいしい。

ごま和えの衣の割合と作り方

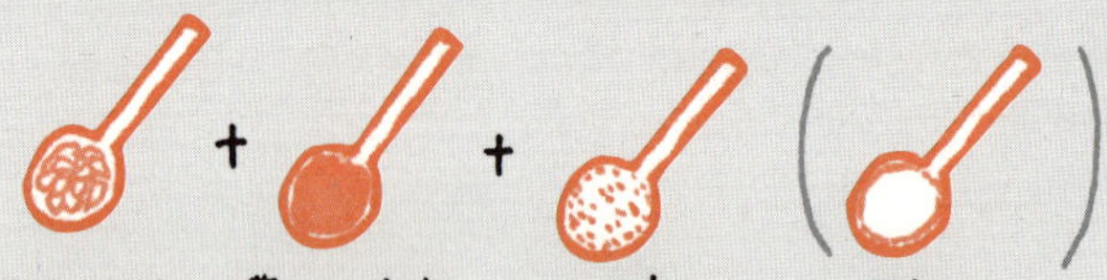

炒りごま 3杯 ＋ 濃口しょうゆ 1杯 ＋ 砂糖 1杯 （酢 1杯）

・作り方は、すり鉢の中で炒りごまを、ごまが半分そのまま残るくらいの粗ずりにして、そこへ調味料を合わせるだけ。

・酢は季節の野菜に合わせて、好みで加えるとよい。（春から夏の野菜と相性がよい）

・少し甘めの味付けなので、好みで砂糖を加減しても。

＋

季節の野菜

＋

生姜やみょうがのせん切りをお好みで

春から夏のごま和えは……豆類全般、オクラ、キャベツ、ピーマンなど。

・和え衣に酢を加えて、さっぱり食べやすく仕上げる。

・野菜のゆですぎに注意して、食感を程よく残してゆでる。

・生姜やみょうがのせん切りを加えると、さらに香りがよくなる。

秋から冬のごま和えは……ほうれん草、春菊、ごぼう、白菜など。

・和え衣は酢を加えずに作る。

・根菜類は特に、塩をきかせてしっかりゆでる。

※共に水気をしっかり切って、食べる直前に和えること。

ごまを炒る道具と炒り方

市販の炒りごまも、ほうろくや雪平鍋などを使ってもう一度軽く炒るとさらにごまの香りがよくなります。

ほうろく

雪平鍋

1. 炒りごまを鍋に入れて弱火にかける。
2. 焦がさないように常にゆすりながら、5分程度 ごまの香りが広がってくるまで炒る。
3. 炒ったごまはすぐに別容器に移す。金属製の鍋の場合は、火傷をしないように気をつけながら、すぐに水で鍋を冷ますとよい。

春から夏のごま和え

おいしく作るには

・和えものの基本は"野菜の食感を程よく残してゆでる"ことと"食べる直前に和える"こと。

・薬味野菜のせん切りを細く仕上げること。

材料と作り方（4人分）

・いんげん 1袋（約100g）　・ピーマン 2個
・オクラ 5個　・スナックえんどう 5個
・生姜 ひとかけ　・みょうが 1個
・ごま和えの衣 大さじ4程度
※下準備として、ごま和えの衣を作っておく。
（ごま 大さじ2、しょうゆ、砂糖、酢 各小さじ2を目安に）

1 生姜とみょうがは、細めのせん切りにする（P.88参照）。

2 野菜はそれぞれひと口大に切り、ゆですぎに注意して塩ゆでする（写真B）。

3 ゆで上がった野菜は冷水にとって冷まし、水気をキッチンペーパーなどを使ってふき取る。

4 食べる直前に、ゆでた野菜とごま和えの衣、①の薬味野菜のせん切りを、味を見ながら加減して合わせる（写真C）。

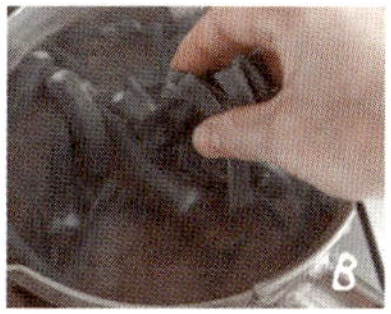

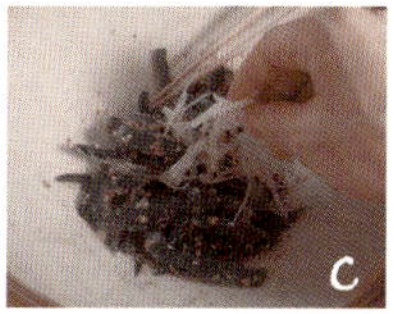

写真A：和え衣を作る前に、ごまを炒りなおすことができれば理想的。
写真C：和えてから時間をおくと水っぽくなるので、必ず食べる直前に和える。

秋から冬のごま和え

おいしく作るには

・根菜類は味がのりにくいので、しっかり塩をきかせて下ゆでする。※ごぼうは軽くたたいて、繊維をつぶしてからゆでるとよい。

材料と作り方（4人分）

・ほうれん草 1/2束　・ごぼう 1本
・里いも（小） 6個　・人参 1/2本
・ごま和えの衣 大さじ5〜6程度
※下準備として、ごま和えの衣を作っておく。
（ごま大さじ3、しょうゆ、砂糖各大さじ1を目安に）

1 ほうれん草は塩ゆでして、3cm幅に切り、水気をしぼる。

2 ごぼうは縦半分に割って、まな板の上に並べてすりこぎなどで軽くたたく。繊維を軽くつぶしたものを3cm幅に切ってから塩ゆでする（写真A）。

3 里いもと人参は皮をむいてひと口大に切り、塩ゆでする。

4 ごぼう、里いも、人参は下ゆでした後は水につけずに、ざるに上げて冷ます（写真B）。

5 食べる直前に、ゆでた野菜とごま和えの衣を味を見ながら加減して合わせる（写真C）。

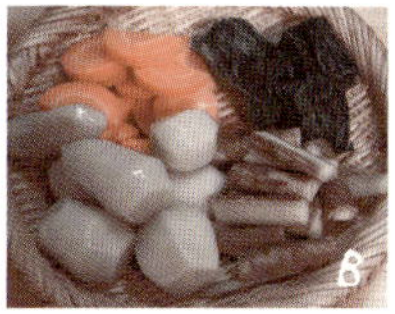

写真A：ごぼうをたたくのは、味をしみ込みやすくするため。
写真C：はしで混ぜると里いもなどがつぶれるので、手でやさしく混ぜるとよい。

酢の物の地の割合と作り方

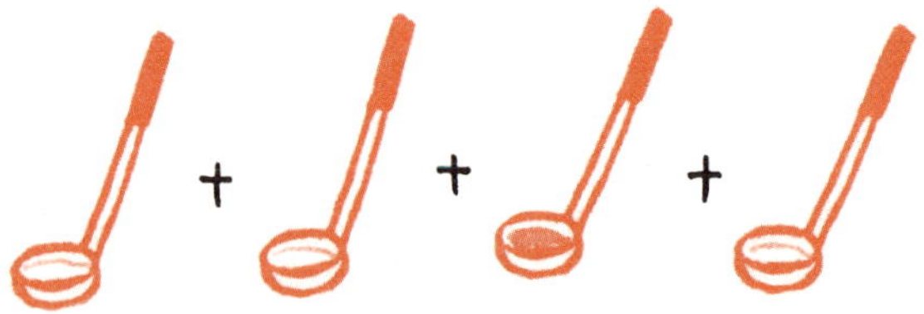

だし 6杯 + 酢 3杯 + 薄口しょうゆ 1杯 + みりん 1杯

上記の割合で調味料を火にかけずに合わせるだけ。
・大さじでもお玉でも、作りたい分量に合った容器で。
・冷蔵庫で1週間は保存できるので、多めに作っても。

・酢の物は、塩もみや下ゆでした材料の水気をしっかりとしぼってから地をかけることが大切。
・好みで生姜のせん切りやしぼり汁を加えるとよい。

きゅうり、キャベツなどの、和えて食べる酢の物に

・きゅうりは塩もみ、キャベツは下ゆでして水気をしぼる。
・わかめ、じゃこ、タコなど好みのものを一緒に和えて、地をたっぷりかけて作る。

もずくなどの、そのまま地をかけて食べる酢の物に

・そのままでも飲めるくらいの酢加減なので、もずく、じゅんさい、大根おろしなど、汁も一緒に飲む酢の物にも使える。

きんぴらの地の割合と作り方

濃口しょうゆ 3杯 + 砂糖 2杯 + 日本酒 1杯

上記の割合で調味料を火にかけずに合わせるだけ。
・大さじでもお玉でも、作りたい分量に合った容器で。
・傷むものが入らないので、まとめて作っても。

・炒める作業をしながら、調味料をはかり入れずに、事前に合わせ地を作っておく。
・後は味を見ながら量を加減して仕上げる。

ごぼう、れんこんなど、根菜類のきんぴらに

・ごぼう、れんこん、人参などを単品、もしくは組み合わせて。
・好みで牛肉やこんにゃくを加える。

大根やうどの皮を使ったきんぴらに

・料理によって皮を厚くむく大根やうども、その皮を捨てずにきんぴらにすれば立派な副菜になる。

きんぴらごぼう

おいしく作るには

・ごぼうらしい味と香りは、皮に多く含まれているので、土を落とす時はたわしでさっとこする程度に。

材料と作り方（4人分）

・ごぼう（1本100g程度のもの）2本
・サラダ油 小さじ2
・きんぴらの地 大さじ4〜5程度
※下準備として、きんぴらの地を作っておく。しょうゆ大さじ3、砂糖大さじ2、酒大さじ1を目安に合わせ、加減して使う。

1. ごぼうはたわしで軽くこすって土を落とし、ささがきにする前に、縦に4〜5本切り込みを入れる（写真A）。
※太めのささがきにしたい場合には、切り込みは不要。
2. ごぼうを横にして、えんぴつを削るように包丁を左右に動かしてささがきにする（写真B）。ごぼうは順次水にさらし、最後に1〜2度水を取り替える。
3. フライパンに油を熱してなじませ、よく水気を切ったごぼうを入れる。ごぼうがしんなりして火が通れば、きんぴらの地を味を見ながら加え、軽く汁気を飛ばす（写真C）。好みでごまや一味唐辛子を添える。

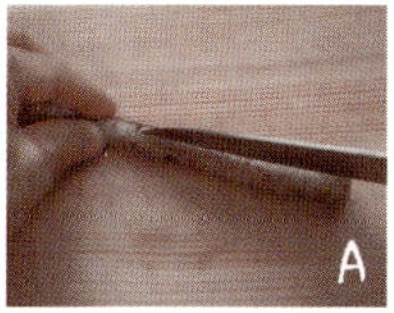

写真A：切り込みの深さは2〜3mm程度。
写真B：切り込みが入っている所で幅が細くなるので、細めのささがきができる。

きゅうりの酢の物

おいしく作るには

・きゅうりは、水っぽい種の部分を取り除く。
・好みで生姜のせん切りやしぼり汁を加えても。

材料と作り方（4人分）

・きゅうり 2本　・ちりめんじゃこ 10g
・塩蔵わかめ 30g　・塩 小さじ1/2
・酢の物の地 大さじ5程度
※下準備として、酢の物の地を作っておく。だし60cc、酢30cc、しょうゆ、みりん各10ccを目安に合わせ、加減して使う。

1. きゅうりは縦半分に切って、中央の種の部分をスプーンなどを使って取り除く（写真A）。
2. きゅうりを薄切りにして、小さじ1/2の塩を全体にもみ込み、5分程度おいてしんなりさせた後、しっかりと手で水気をしぼる（写真B）。
3. 塩蔵わかめは塩を洗い流し、5分程度水につけて塩抜きをしてからひと口大に切る（写真C）。
4. 食べる直前に、きゅうりとわかめ、ちりめんじゃこをボウルで和え、酢の物の地を味を見ながら、ひたひたになるくらい加える。

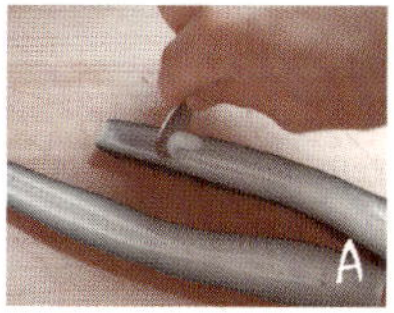

写真A：水っぽい種を取り除くというひと手間を、特別な料理を作る時に。
写真C：わかめはまな板の上に広げて、根元を切り離してからひと口大に。

五目きんぴら

おいしく作るには

・食感や味の異なる具材を組み合わせる。
・火の通りにくい具材から順に炒め合わせる。

材料と作り方（4人分）

・ごぼう、れんこん、人参、
　こんにゃく、牛肉こま切れ　各50g程度
・サラダ油　小さじ2
・きんぴらの地　大さじ5〜6程度
※下準備として、きんぴらの地を作っておく。しょうゆ大さじ3、砂糖大さじ2、酒大さじ1を目安に合わせ、加減して使う。

1. ごぼう、人参は縦1/2に切って、斜めに薄切りに、れんこんは薄い輪切りにする。人参以外は水にさらす。
2. こんにゃくは厚みを1/2〜1/3にして、細切りにする。（さらに塩もみをして、下ゆでするとと理想的）
3. フライパンに油を熱してなじませ、よく水気を切ったごぼうとれんこんを入れてさっと炒める。油が回れば人参とこんにゃくを加え、人参に軽く火が通ったら最後に牛肉を入れる（写真B）。
4. 牛肉に8割方火が通れば、きんぴらの地を味を見ながら加え、軽く汁気を飛ばす（写真C）。

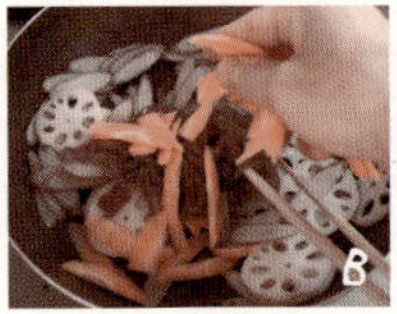

写真A：きんぴらの地をまとめて作る場合は、軽く火にかけて砂糖を溶かす。
写真C：きんぴらの地を作っておけば、味付けが手軽にできる。

大根おろしの酢の物

おいしく作るには

・辛い大根おろしにしたい場合は大根の先端、甘い大根おろしにしたい場合はまん中より上を使う。
・おろした大根の水気はしっかりしぼる。

材料と作り方（4人分）

・大根　1/2本　・焼きのりとちりめんじゃこ　適宜
・酢の物の地　100cc程度
※下準備として、酢の物の地を作っておく。だし60cc、酢30cc、しょうゆ、みりん各10ccを目安に合わせ、加減して使う。

1. 大根は皮をむいて、おろし金ですりおろす（写真A）。
2. すりおろした大根は目の細かいざるに移し、手の甲で外に押し出すように、水気をしっかりしぼり出す（写真B）。
　※大根の水気がたくさん残っていると、酢の物の地を加えても味が薄いままなので、パサつく少し手前までしっかりしぼる。
3. 大根おろしとちりめんじゃこを合わせて、食べる直前に小さくちぎった焼きのりと酢の物の地を味を見ながら加える（写真C）。

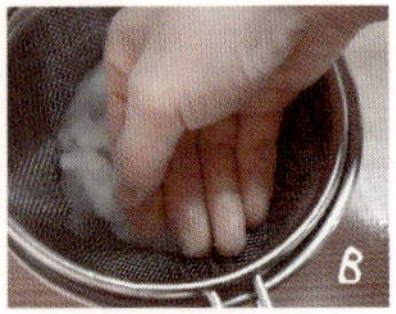

写真A：大根はおろし金に対して垂直に持ち、円を描くようにおろす。
写真C：酢の物の地の分量は、元々あった大根の水分を補う程度に。

第四章　主菜と卵料理

西洋料理や中国料理は主に動物からだしを取り、
日本料理は魚からだしを取る、
その根本的な違いは、もちろん主菜にも及びます。

昔ながらの家庭料理には、魚の淡白なおいしさを上品に活かした、
ごはんによく合う主菜が多いものです。
その中でも簡単で、四季折々応用できる、
煮付けと照り焼きを紹介します。
家庭で手に入りやすい卵の料理四品も合わせて。

魚の煮付け 作り方 P.65

ぶりの照り焼き　作り方 P.66

さんまのかば焼き　作り方 P.67

鶏の照り焼き　作り方 P.67

厚焼き玉子 作り方 P.68

だし巻き玉子　作り方 P.69

玉子豆腐 作り方 P.70

茶わん蒸し　作り方 P.71

魚の煮付け

おいしく作るには

・煮付けの煮汁だけを先に鍋で沸かし、煮汁が沸いてから、下処理した魚を入れる。

・煮汁を煮つめすぎないで仕上げる。

※魚の煮付けは、中まで味のしみ込んでいない白身を、少し濃い目の煮汁につけながら食べるのがおいしい。

材料（2人分）

魚

かさご、めばる、金目鯛など

煮汁

濃口しょうゆ、みりん各30cc
日本酒、水各90cc、砂糖大さじ1弱
※右の分量で中サイズのかさご2匹分

野菜

臭み消しの生姜は必ず入れ、他に
れんこん、ごぼう、白ねぎなどを好みで

道具

煮汁を全体にいきわたらせるための
落とし蓋（なければアルミホイルで代用）
を使う

1. 魚はうろこを取った後、腹びれの近くに切り込みを入れて、内臓とえらを取り出す。うろこを洗い流し、切り込みの中も丁寧に洗う。
2. 少し水を差した熱湯（90℃程度）で霜降りをして、そこに水を入れて、残ったうろこやぬめり、血合いなどを指を使ってしっかり取り除く。

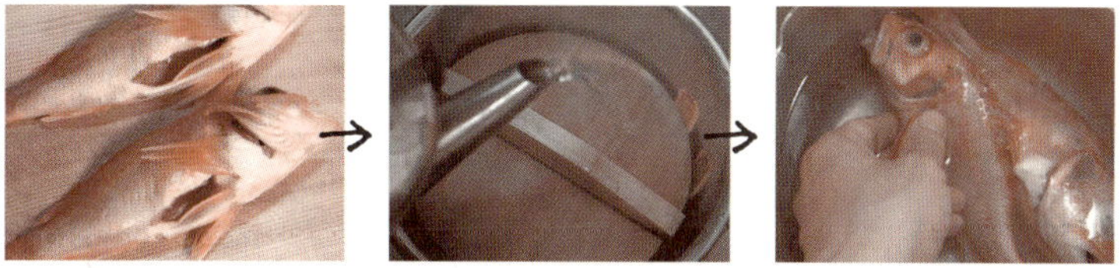

3. 霜降りした魚は軽く水気をふき取り、両面に切り込みを入れる。（煮崩れを防ぎ、味のしみ込みをよくするため）
4. 生姜は薄切り、ごぼう、れんこんなどを入れる場合はひと口大に切る。
5. 鍋に煮汁を合わせて、生姜を加えて沸騰させた中に③の魚を入れる。

6. 野菜もはじめから鍋のすき間に入れ、落とし蓋をして常に鍋肌からぶくぶくと煮汁が沸き上がってくる火加減で4〜5分煮込む。
7. 煮汁が2/3くらいになれば落とし蓋を取ってさらに2〜3分煮つめる。
※完全に汁を煮つめず、白身をつけて食べるのに程よい濃さになるまで煮つめて火を止める。

ぶりの照り焼き

照り焼きのたれの割合

・濃口しょうゆ、みりん、日本酒各大さじ1に砂糖小さじ1を合わせる。

照り焼きの作り方

・フライパンで魚や肉を焼き、8割方火が通ったらたれを加えて、煮汁にしっかりとろみがつくまで煮つめる。

材料（2人分）

ぶり2切れ（ひと切れ100g程度のもの）

・照り焼きのたれ 上記分量

※ぶりの切り身が大きい場合は適宜たれの量を増やすこと

・黄ゆず 適宜

1 ボウルなどに照り焼きのたれを合わせ、調味料をよく溶かす。

2 ぶりの切り身を①のたれに漬け込み、途中上下を入れ替えながら、1時間ほどおく（たれは味付けに使うので捨てないこと）。

3 フライパンで焼く前に、表面のたれをふき取っておく。

4 フライパンに少量の油をひき、下漬けしたぶりを焼く。中火程度の火加減で、片面にじっくりいい焼き色をつける。
※途中ぶりから出る脂をキッチンペーパーでふき取りながら焼くとよい。

5 焼き色がついたら裏返し、ぶりに8割方火を通す。

6 8割方火が通ったら、漬け込みに使ったたれを全量加え、火加減を少し落として、全体にからめながら煮つめる。

7 たれが煮つまって少しとろみがついてきたら、スプーンなどでぶりにたれをまわしかける。煮汁にしっかりとろみがつくまで煮つめて仕上げる。※黄ゆずのせん切り（P.72参照）や、酢れんこん（P.85参照）などを添えても。

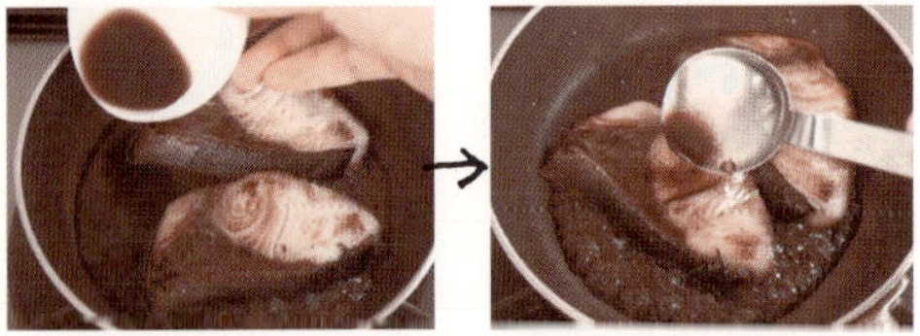

さんまのかば焼き

さんまやいわしのかば焼きも照り焼きの一種。たれは同じ割合で作ります。うなぎのかば焼きのように、丼ものにしてもおいしい料理です。

材料と作り方（2人分）

・さんま 2匹
・照り焼きのたれ
濃口しょうゆ、みりん、日本酒 各大さじ1と1/2、砂糖 小さじ1と1/2

1. さんまは頭と内臓を取り除き、水洗いして血合いをそうじする。水気をふき取ってから腹開きにして、中骨、腹骨を包丁ですき取る（写真A、B）。
2. 開いたさんまは4等分して、小麦粉をまぶす。
3. 油をひいたフライパンで皮から焼き、しっかり焼き色がついたら身を裏返す。
4. 8割方火が通ったら、照り焼きのたれを加え、火加減を少し落として全体にからめながら煮つめる（写真C）。
5. スプーンで煮汁をまわしかけながら煮つめて仕上げる。

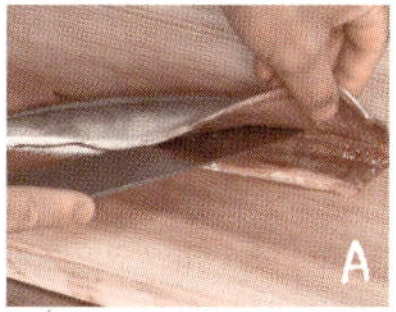

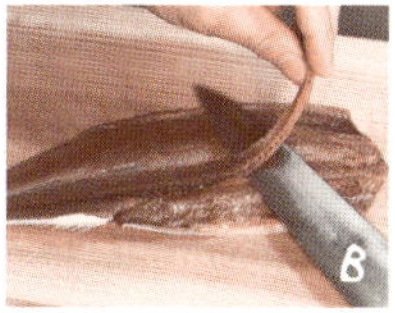

写真A、B：腹開きとは、腹から中骨にそって包丁を入れ、背の皮ぎりぎり手前まで切り込んで身を開くこと。

鶏の照り焼き

冷めてからもおいしい鶏の照り焼きは、ぶりと同じ要領で作ることができます。ぶりは脂が多く、下漬けが必要でしたが、鶏はしっかり煮つめれば下漬けいらずです。

材料と作り方（2人分）

・鶏もも肉 1枚（300〜350g程度のもの）
・照り焼きのたれ
濃口しょうゆ、みりん、日本酒 各大さじ1と1/2、砂糖 小さじ1と1/2

1. 鶏肉は常温にもどし、フォークなどで皮目をつく。
2. ①の鶏肉を塩をふらずに、フライパンで皮から焼く。
※途中鶏肉から出る脂をキッチンペーパーなどでふき取りながら焼くとよい。
3. 皮目にいい焼き色がついたら裏返し、鶏肉に8割方火を通す（写真A）。
4. ③に照り焼きのたれを加え、火加減を少し落として全体にからめながら煮つめる（写真B）。
5. スプーンで煮汁をまわしかけながら、煮汁にしっかりとろみがつくまで煮つめて仕上げる（写真C）。

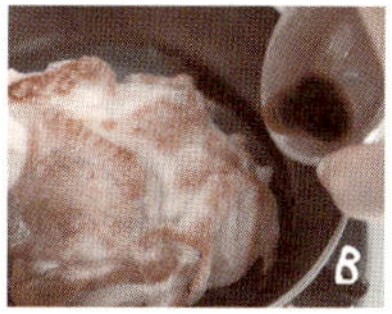

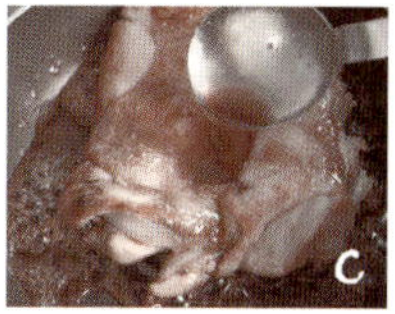

写真A：厚みのある肉を焼く場合は、蓋をして蒸し焼きにするとよい。
写真C：何度もスプーンで煮汁をすくいかけながら煮つめていく。

厚焼き玉子

おいしく作るには

・火加減は最初から最後まで中火。

・卵液を入れるタイミング、『ジュッと音がして一瞬で液が固まる温度』を毎回確認しながら焼く。

材料

・卵（Mサイズ）4個

・砂糖 大さじ1

・濃口しょうゆ 大さじ1

※濃口しょうゆを、たまりじょうゆに代えてもおいしい。

1. 卵はボウルに割り入れて箸で軽く溶き、調味料を加える。泡立てないよう溶かし混ぜて、大きな白身の塊があれば箸ですくって切る。

2. 卵焼き器に油大さじ1をひき、弱火にかけてなじませておく。焼く途中に油を補充しやすくするために、油をしみ込ませたキッチンペーパーも用意する。

3. 焼く準備ができてから、火加減を中火にする。箸先で卵液を落とした時、ジュッと音がして、一瞬で液が固まる温度になったことを確認する。

4. 卵液は1/4ずつ入れていく。まず卵液を均一に流し広げ、ぷくぷく膨らんできたところは箸先でつつく。白身が半熟に固まってきたら、奥から手前に箸でつかみながら巻いていく。巻き終えたら卵を奥にすべらせて移し、手前に油を補充する。

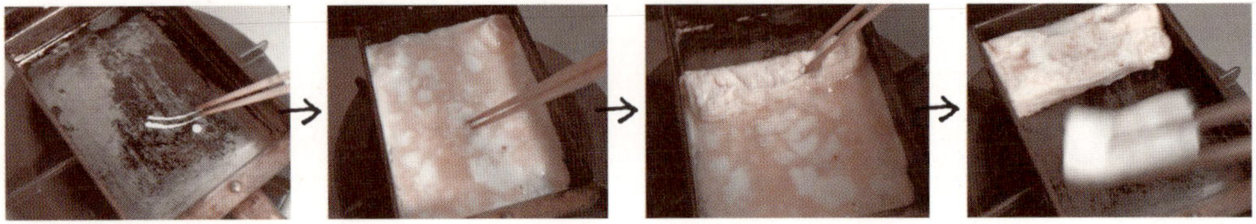

5. 次に卵液を流し入れる時も、卵液を落として鍋の温度を確認する。卵液を入れたらすぐに、箸をすでに巻いてある玉子焼きの下に入れて持ち上げ、玉子焼きの下にも卵液を流し入れて、④と同じように焼く。

6. 後は同じ作業を2～3回、卵液があるだけ繰り返して焼き上げる。

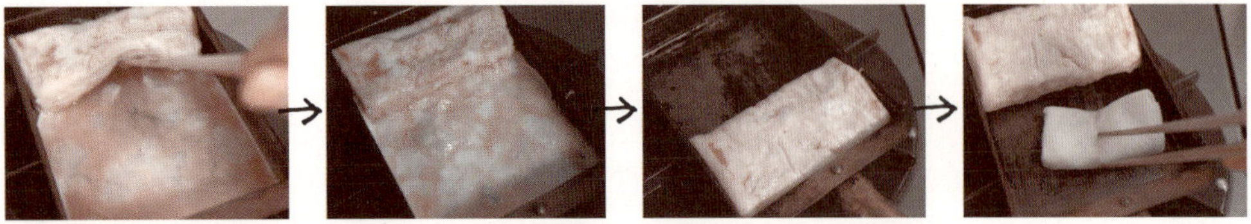

だし巻き玉子

おいしく作るには

・なめらかな食感にするために、卵液を一度ざるごしする。
・厚焼き玉子との違いは"より半熟な状態で巻く"こと。
※基本的な火加減と焼き方は、厚焼き玉子と全く同じ。

材料

・卵（Mサイズ）5個
・だし 120cc
・薄口しょうゆ 大さじ1
・砂糖 小さじ2
・みりん 小さじ2

1. 卵はボウルに割り入れ、泡立て器で空気を入れないようにしっかり溶く。だしの中に調味料を加えて溶かしておき、卵と合わせた後にざるごしする。
2. 卵焼き器に油大さじ1をひき、弱火にかけてなじませておく。焼く途中に油を補充しやすくするために、油をしみ込ませたキッチンペーパーも用意する。

3. 火加減は中火。必ず鍋の温度を卵液で確認してから、1/5量ずつ入れていく。卵液を均一に流し広げ、膨らんできたところは箸先でつついて空気を抜く。厚焼き玉子より水分が多いため、1回目は箸でつかんで巻けないので、半熟になったらすぐに手前に寄せてまとめる。
4. 粗くまとめた玉子焼きを奥に移し、後は基本的な焼く作業を厚焼き玉子の作り方④、⑤を参考にしながら4～5回繰り返す。
5. 焼き上がっただし巻き玉子はとてもやわらかいので、熱いうちにまきすで巻いて、形を落ち着かせるとよい。

玉子豆腐

材料（4人分）

- 卵（Mサイズ）4個
- だし 300cc
- 薄口しょうゆ 小さじ2
- 塩 ひとつまみ強

※食べる時にめんつゆと青ゆずを適宜用意する。

おいしく作るには

- 卵とだしの割合は、卵4個にだし300cc。
- 口当たりをよくするために、細かいざるや裏ごし器で卵液をこす、
- 決して強火で蒸さない。弱火で25〜30分蒸す。

1. 分量のだしに塩、薄口しょうゆで味付けをする（火にかける必要はない）。
2. 別の容器に卵を割り入れて泡立て器でしっかり混ぜ、だしと合わせて裏ごしする。

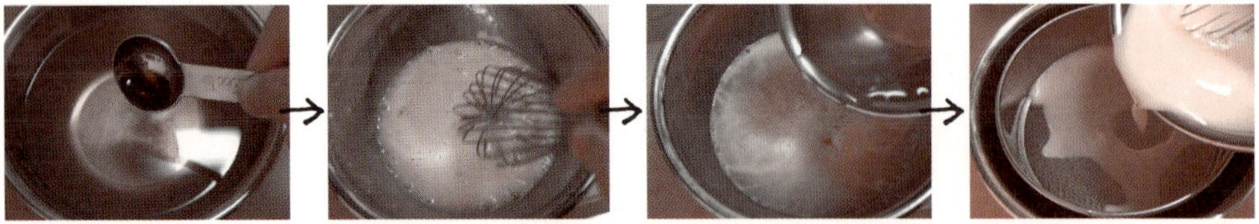

3. ②の卵液を流し缶や、金属製の弁当箱やバットなど、長方形の容器に流し入れる。※流し缶とは、素材を型から抜きやすくした2重構造のステンレス製容器。
4. ③の卵液を、しっかり沸騰して蒸気の上がった蒸し器に入れる。入れてすぐに弱火にし、蓋を少しずらす。中の温度を少し下げた状態で25〜30分蒸す。
5. 串を刺して濁った汁が出てこなければ蒸し上がり。粗熱をとって冷蔵庫で冷やし、食べる時にめんつゆと好みで青ゆずの皮をふりかける（P.72参照）。

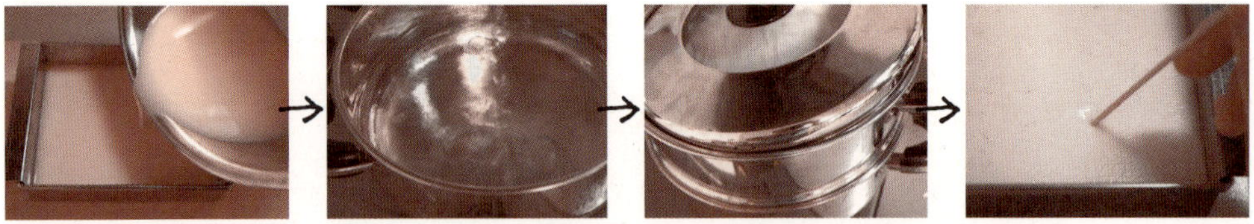

蒸す作業の基本的なこと

せいろや蒸し器に水を入れて沸騰させ、その蒸気で食材に火を通す"蒸す"作業。うっかり食材を焦がしたり…という心配もないので、慣れればとても便利な調理法ですが、いくつかポイントがあります。

1. たっぷりの湯を完全に沸騰させてから料理を蒸しはじめる。
2. 料理に水滴を落とさない工夫をする（P.71のコラム参照）。
3. 卵料理は弱火。それ以外は強火で蒸す。

茶わん蒸し

おいしく作るには

・卵とだしの割合は、卵3個にだし450cc。

・「ス」が入らないように、茶わん蒸しでも蓋を少しずらして弱火で蒸す。

材料（4人分）

・卵（Mサイズ）3個
・だし 450cc
・薄口しょうゆ 大さじ1
・塩 小さじ1/3
・えび 4匹
・鶏もも肉 1/3枚
・椎茸 4個
・ぎんなん 8個
・三つ葉 1/4束
・黄ゆず 適宜

1 分量のだしに塩、薄口しょうゆで味付けをして、しっかり溶いた卵と合わせ、なめらかに仕上げるために合わせたものを一度ざるごしする。

2 えびは背わたを取って塩ゆがきし、頭と殻をむきとり、ぎんなんは生なら殻と薄皮をむいて下ゆでする。椎茸はひと口大、三つ葉は2〜3cm幅に切る。鶏もも肉はひと口大に切って霜降りをし、少量の塩（分量外）をもみ込んで下味をつける。

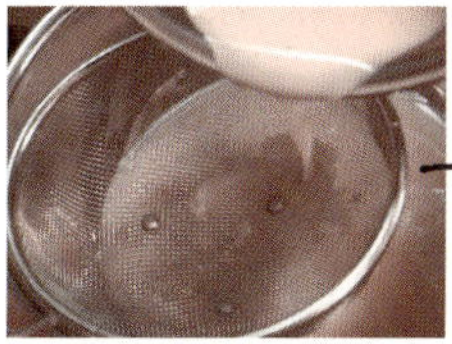
→

→
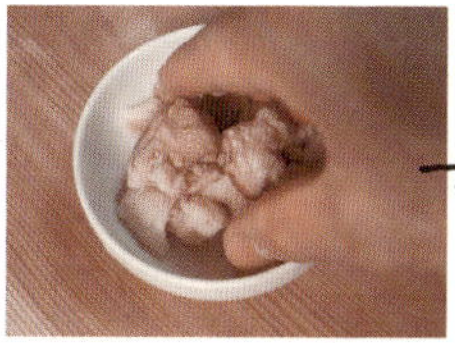
→

3 器に具を入れてから、①の卵液を静かに流し入れ、しっかり蒸気の上がった蒸し器に入れる。器を入れたらすぐに弱火にして蓋を少しずらす。中の温度を少し下げた状態で20〜25分蒸す。

4 串を刺して濁った汁が出てこなければ蒸し上がり。あつあつの茶わん蒸しを取り出し、食べる直前に黄ゆずの皮のへぎ切りを盛り付ける（P.72参照）。

→

→

→

蒸す作業の注意点

蒸し器を使う時に注意したいのが蓋から落ちる水滴。料理を水っぽくしないためにも、蓋からの水滴を防がなければいけません。

方法1：蒸し器の蓋に布巾を巻く一般的な方法。

方法2：蒸す料理の上に、蒸気を通す平ざるやまきすをのせて、その上に布巾をかける方法。大きめの蒸し器を使う時などに。

木の芽やゆずを食卓に

料理の香り付けといったら、汁ものに添える"吸い口"が一般的です。けれどそれらは、ごはんやおかず、様々なものと組み合わせることができ、決して料理屋だけの特別なことではありません。季節を届けるその方法を少し詳しく紹介します。

木の芽
春に出回る山椒の若芽

木の芽の扱い

・そのまま添えても、食べる直前に包丁でたたいて、たたき木の芽にしてもよい。

・傷みやすいので、きっちりラップをして冷蔵庫で保存。

たけのこごはん（P.10、P.18）

はまぐりのうしお汁（P.29、P.37）

青ゆず
夏に出回る未熟果のゆず

黄ゆず
秋冬に出回る熟したゆず

ゆずの扱い

香り付けに使うのは、表面の皮のみ

1. 一緒に食べる場合…皮の周囲をおろし金ですりおろしてふりかけたり、せん切りにして使う。

2. 食べない場合…皮だけを大きめのへぎ切りにして料理に添える。

※せん切り、へぎ切り共に、切った後に水にさらしてアクを抜き、水気をしっかり切ること。

玉子豆腐のお吸物（P.34）

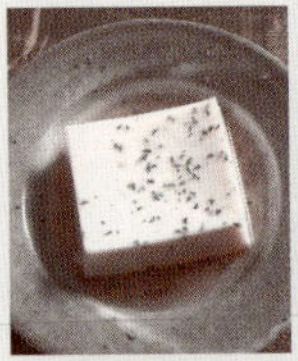

玉子豆腐（P.63、P.70）

しめじごはん（P.11、P.19）

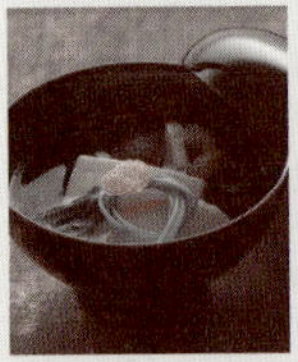

豆腐と椎茸のお吸物（P.26、P.34）

ぶりの照り焼き（P.59、P.66）

茶わん蒸し（P.64、P.71）

※料理名下のページ数は左に写真、右に作り方のページを記載。

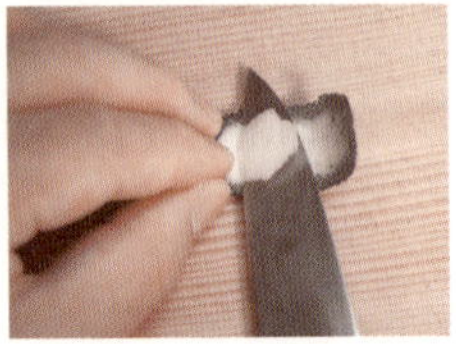

ゆずの皮を使う時は、苦味のある白いわたのような部分を取り除く必要がある。外皮をへぎ取った後、さらに内側の白い部分をへぎ取って使うとよい。

第五章　漬け物とごはんのお供

漬け物には、梅干しのように時間をかけて作るものと、
時間をかけずともおいしく食べることのできる、
浅漬けや甘酢漬けなどがあります。

料理の献立作りから考えても、技術的なことから考えても、
漬け物は浅漬け、甘酢漬けから慣れ親しむことがよいと思います。
ごはんをおいしくしてくれる、ごはんのお供も合わせて紹介します。

きゅうりの浅漬け 作り方 P.82

春キャベツの浅漬け 作り方 P.82

茄子のもみ漬け　作り方 P.83

白菜の浅漬け　作り方 P.83

新生姜の甘酢漬け　作り方 P.85

かぶのもみ漬け　作り方 P.84

昆布の佃煮　作り方 P.86

酢れんこん　作り方 P.85

なめたけ 作り方 P.87

浅漬けの基本的な作り方

漬ける野菜の重さの2%の塩を使う

・はじめはきちんと野菜と塩の重さをはかって、慣れてくれば目分量で。
・塩はなじみやすく、まろやかな塩味の自然塩がよい。

野菜の漬け方①
重し漬け……

野菜をひと口大に切り、
重しをして3~6時間漬ける。
(きゅうり、キャベツ、うり、セロリ、大根
白菜、かぶ、人参など)

野菜の漬け方②
もみ漬け……

茄子やかぶなど、薄切りにしてすぐ塩がなじむ
野菜を手で2~3分もみ込んで作る。
(茄子、きゅうり、かぶ、大根など)

※同じきゅうりやかぶでも、大きく切って食べたい時は重し漬け、すぐに食べたい時は薄切りにしてもみ漬けにするなど、使い分けて作るとよい。

重し漬けは卓上漬物器がおすすめ

・重し漬けには、自由に重しをかけられ、そのまま冷蔵庫にも入る卓上漬物器が便利。
・ボウルで作る場合は、平らなお皿をふせてのせ、そこに野菜の重さの1.5~2倍の重しをかけて漬ける。

昆布や酒を好みで

＋

香味野菜のせん切り

甘酢漬けの基本的な作り方

甘酢の割合

酢120cc ＋ 昆布だし 180cc ＋ 砂糖50g ＋ 塩ひとつまみ

うま味を出すために、漬け込む時に昆布を入れてもよい

・昆布の他には、日本酒を加えたり、食べる直前に酢やしょうゆを好みで加えるとよい。

味のアクセントとして、季節の香味野菜を混ぜ合わせる

・春夏は大葉、生姜、みょうがのせん切り、秋冬は黄ゆずのせん切りなど、野菜に合わせて香味野菜を混ぜ合わせる。

甘酢漬けを作る前に甘酢の用意

1. 昆布だし(水に対して昆布が1%)を沸騰直前まであたためる。
2. あたたまった昆布だしに、その他の調味料を溶かし入れる。
3. そのまま冷まし、冷めてから昆布を取り出す。
4. 瓶などの容器に入れて、冷蔵庫で保存。

※冷蔵で2~3ヵ月はもつものなので、まとめて作っても便利。

甘酢があれば、ゆでた野菜を漬け込むだけ

・甘酢漬けには、うどや新生姜、みょうがやれんこんなどが一般的。

・それらの野菜をゆでてざる上げし、全体に塩をふって、塩をなじませてから甘酢に漬け込む。

※水っぽくしないために、水につけずにざる上げして冷ます。

春キャベツの浅漬け

やわらかくて甘味の強い春キャベツに、香り付けに大葉とみょうがのせん切りを合わせて、重し漬けで作ります。

材料と作り方（4人分）

・春キャベツ　200g程度（約1/4玉）
・塩　野菜の重さの2%（200gなら4g）
・大葉　5枚　・みょうが　1個

1. 大葉とみょうがは細いせん切りにする（P.88参照）。
※特にみょうがは香りが強いので、できるだけ細く切る。
2. 春キャベツはひと口大にちぎり、分量の塩と①の香味野菜を混ぜ合わせる（写真A、B）。
3. 卓上漬物器などに入れ、しっかりと重しをかける（写真C）。
4. 冷蔵庫に入れて、3時間後くらいからが食べ頃。キャベツから出てきた水気をしぼってから盛り付ける。

写真A：キャベツは包丁を使わずに手でちぎるとよい。
写真B：自然塩は小さじ1で約4g。

きゅうりの浅漬け

食べ慣れたきゅうりの浅漬けも、生姜と大葉をしっかりきかせてやると、手間をかけただけのおいしさになります。

材料と作り方（4人分）

・きゅうり 200g程度（約2本）
・塩　野菜の重さの2%（200gなら4g）
・大葉　5枚　・生姜ひとかけ

1. 大葉と生姜は細いせん切りにする（P.88参照）。
※特に生姜は辛味が強いので、できるだけ細く切る。
2. きゅうりは1.5cm幅に切り、分量の塩と①の香味野菜を混ぜ合わせる（写真A、B、C）。
3. 卓上漬物器などに入れ、しっかりと重しをかける。冷蔵庫に入れて、4時間後くらいからが食べ頃。

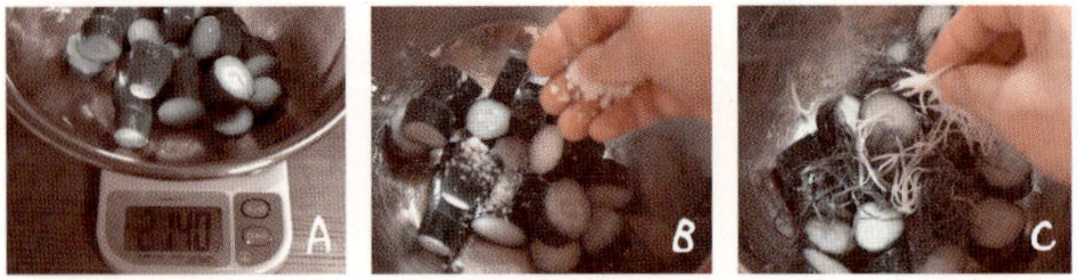

写真A：慣れないうちは、きちんと重さをはかるとよい。
写真C：大葉は漬け込むと色が悪くなるので、好みで食べる直前に。

白菜そのものが甘くておいしい冬の季節には、白菜の浅漬けもおいしいもの。昆布やごま、黄ゆずなどを組み合わせて。

白菜の浅漬け

材料と作り方（4人分）

・白菜 300g（約1/6株）
・塩 野菜の重さの2％（300gなら6g）
・昆布 5×5cm角が2枚程度 ・ごま適宜

1 白菜は2～3cm幅に切る（写真A）。

2 ①の白菜に分量の塩をまぶして、全体になじむように混ぜ合わせる。

3 卓上漬物器などに入れ、中央あたりに昆布を差し込み、しっかり重しをかける（写真B、C）。

4 冷蔵庫に入れて、4～5時間後くらいからが食べ頃。白菜から出てきた水気をしぼって盛り付け、仕上げにごまを散らす。

※黄ゆずを加える場合は、輪切りにして実ごと一緒に漬け込むか、皮だけせん切りにして混ぜ合わせる。

写真A：浅漬けは切ったものを漬けるので、すぐに食卓に出せる。
写真B：白菜漬けには昆布のうま味がよく合う。

2～3分で作れる手軽なもみ漬けの中でも、茄子が一番早くて簡単です。香り付けに大葉やみょうがを合わせて。

茄子のもみ漬け

材料と作り方（4人分）

・茄子 200g程度（中サイズ約3本）
・塩 野菜の重さの2％（200gなら4g）
・大葉 5枚 ・みょうが1個
・薄口しょうゆ 小さじ1/2程度

1 大葉とみょうがは、できるだけ細いせん切りに（P.88参照）。

2 茄子はひと口、ふた口で食べられる大きさに切る。

3 ②に分量の塩をまぶして塩もみする（写真A）。もんでいくうちに茄子がしんなりしてくるので、両手を使って茄子の水気をぎゅっとしぼる（写真B）。

4 ③の茄子に①の香味野菜を混ぜ合わせ、薄口しょうゆを小さじ1/2程度加えて仕上げる（写真C）。

※茄子のアクで色が変わりやすいので、できるだけ早く食べること。

写真A：茄子が割れない程度に力を入れてもみ込む。
写真B：表面に透明感が出てしんなりしたら水気をしぼる。

かぶのもみ漬け

小ぶりのかぶならば、皮をむくことなく作れます。黄ゆずのせん切りと合わせることで、香りよい洒落た箸休めに。

材料（4人分）

・かぶ　200g程度（小サイズ約3個）
・塩　野菜の重さの2％（かぶ200gなら塩4g）
・かぶの葉、黄ゆず　適宜
・納豆昆布　ひとつまみ

1 かぶは大きければ皮をむいて、小さければ皮ごと1〜2mm幅の薄切りにする。

2 かぶの葉があれば彩りのために少量混ぜ込む。かぶの葉を細かくきざんだ後に、アク抜きのために塩（分量外）をまぶして、手でもみ込み、しっかりしぼる。

3 黄ゆずは皮をへぎ切りにして、細めのせん切りにする（P.72参照）。

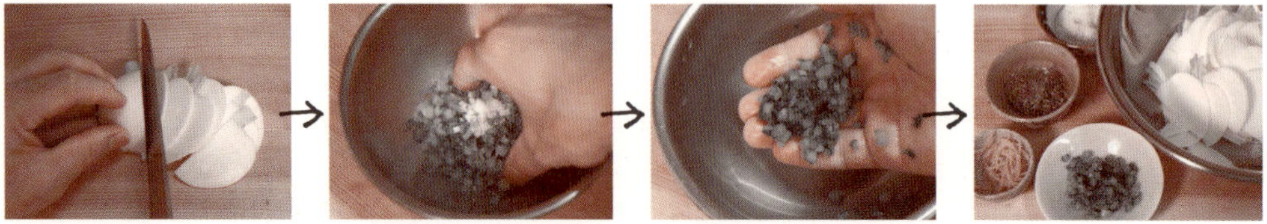

4 ボウルに①のかぶを入れ、分量の塩をまぶして塩もみする。もみ込むうちにかぶがしんなりしてくるので、両手を使ってかぶの水気をぎゅっとしぼる。

5 ④のかぶに、用意しておいたかぶの葉、ゆずの皮、納豆昆布を加えて混ぜ合わせる。

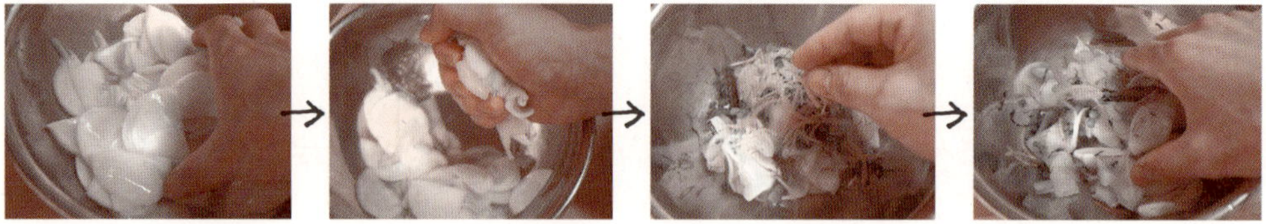

※納豆昆布とは、そのままでも食べられる、やわらかい細切り昆布。"納豆昆布""ごはん昆布"などと呼ばれ、漬け込み時間のないもみ漬けにも昆布のおいしさを加えることができる。

酢れんこん

弁当などの添えものではなく、れんこんそのものをおいしく食べる料理として、少し厚めに切って酢れんこんを作ります。

材料と作り方

・れんこん、甘酢、塩、唐辛子　適宜
※下準備として甘酢を作っておく。

1. 皮をむいたれんこんを7mm程度の幅に切る。
※食べやすくするために、2mm間隔で2回切り込みを半分まで入れた後、3回目で切り落とす切り方をしてもよい（写真A）。

2. れんこんは歯ごたえを残すように塩ゆでしてからざる上げする（写真B）。

3. 熱いうちにれんこんが重ならないように並べ、全体に軽く塩をふる。粗熱がとれたら甘酢に漬けて、好みで唐辛子を加え、冷蔵庫にて保存する（写真C）。

※翌日から食べることができ、1カ月程度保存がきく。

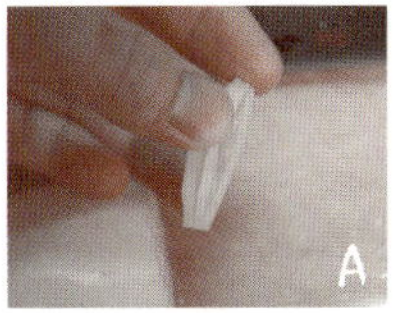

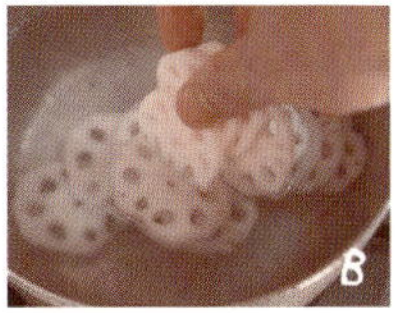

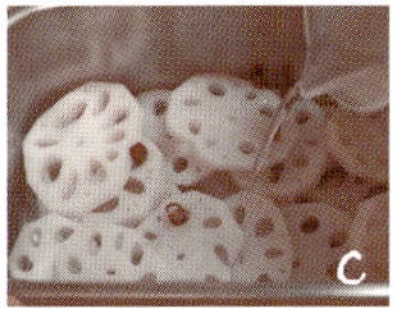

写真A：切り込みを入れた方が味のしみ込みもよい。
写真C：唐辛子は種を取り除いて。味をピリッと引きしめてくれる。

新生姜の甘酢漬け

やわらかな辛味にみずみずしい食感の新生姜。赤い部分を少し残して漬ければ、淡いピンク色に仕上がります。

材料と作り方

・新生姜、甘酢、塩　適宜
※下準備として甘酢を作っておく。

1. 新生姜を甘酢漬けにする大きさに切り分ける。

2. 赤い部分を少し残すように、新生姜の先端を切り落とし、繊維にそってできるだけ薄く切る（写真A）。
※辛味の少ない甘酢漬けにしたい場合は、切ったものを30分程度水にさらすとよい。

3. ②の新生姜を、熱湯で1～2分さっと塩ゆでしてからざる上げする（写真B）。

4. 熱いうちに新生姜が重ならないように並べ、全体に軽く塩をふる（写真C）。粗熱がとれたら甘酢に漬けて、冷蔵庫にて保存する。

※翌日から食べることができ、1カ月程度保存がきく。

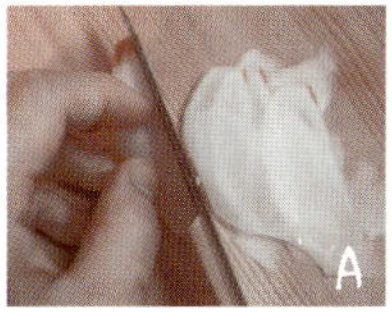

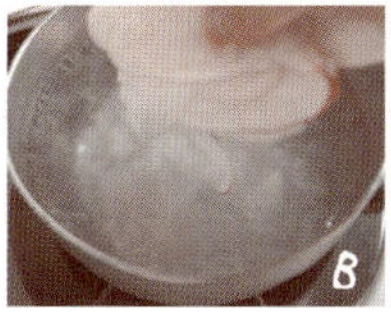

写真A：転がらないように安定させてから薄切りにする。
写真C：塩のきかせ方は好みで調整を。

昆布の佃煮

おいしく作るには

・だしがら昆布を捨てずに冷凍しておき、まとめて佃煮に。

・調味料にもこだわるならば、たまりじょうゆ、中ザラメを使って色、味共に濃く仕上げても。

材料

・だしがら昆布 600g
・濃口しょうゆ 300cc
・みりん 50cc
・日本酒 50cc
・砂糖 25g

1 昆布の佃煮は少量で炊いてもおいしく炊き上がらないので、だしがら昆布を冷凍保存しておき、まとめて佃煮にする。

2 昆布を解凍し、2〜3cm角に切り分けて、大きめの鍋に入れる。

3 ②の鍋に、はじめからすべての調味料を加えて、それから火にかける。

4 鍋の調味料が沸騰しても、火加減は強火〜中火のままで炊く。
(常に鍋肌がぐつぐついう程度の強めの火加減を保つ)

5 そのまま炊き続け、ひたひただった煮汁が少なくなるまでしっかり煮つめる。煮汁が少なくなれば火を弱めて、焦げつきに注意しながら、鍋底にほとんど煮汁が残らない状態になるまで水分を飛ばして仕上げる。

6 冷めてから冷蔵庫に移し、2週間程度で食べきれないものは冷凍保存しておく。

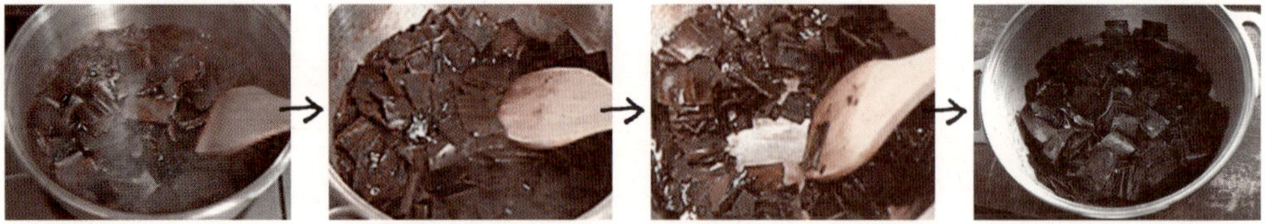

なめたけ

おいしく作るには

・味付けは、しっかり濃い昆布だしにしょうゆとみりんで。
（昆布だしは水100ccに対して5g程度の昆布を用意）

材料

・えのき 400g程度（大サイズで約2束、小サイズで約3束）
・昆布だし 100cc（水100ccに対して昆布5g程度）
・濃口しょうゆ 大さじ6
・みりん 大さじ4

1. 分量の昆布を30分以上水につけておき、昆布だしを用意する。
2. えのきは石づきを切り落とし、1/2程度の食べやすい長さに切る。
3. 鍋にえのきと昆布だしを合わせて火にかける。沸いてきたら弱火にして、えのきに火を通す（昆布だしの昆布もおいしく食べられるので一緒に炊き込む）。

※炊きはじめはえのきがだしから頭を出しているが、3分くらい炊くとえのきに火が通ってかさが減る。

4. えのきに火が通ったら、分量の濃口しょうゆとみりんで味付けする。途中アクが出てきたら適宜すくい取り、3分程度煮つめる。
5. 冷めてから冷蔵庫に移し、3〜4日で食べきれないものは冷凍保存しておく。

"まとめて作って冷凍保存"のすすめ

「家族のために、ごはんには手間をかけてあげたい」そう思うのが作り手の思いやりです。このなめたけや昆布の佃煮、ごはんものやおかずにしても、手間をかけて丁寧に作ったものはおいしいからこそ、たくさん食べてもらいたいもの。手間をかけた料理ほど"まとめて作って冷凍保存"が一番です。

野菜のせん切りで料理に香りと彩りを

浅漬けに大葉やみょうがのせん切りは欠かせません。また、ごはんやおかずにも、生姜や人参のせん切りが多く使われ、香りや彩りの大切なアクセントとなっています。効き目が強い野菜だけに、細いものは細く、太いものは太く、目的に合った切り方、使い方をする必要があります。

人参、生姜などの基本的なせん切り

せん切りにする野菜を薄切りにして、1枚ずつ丁寧に並べることが大切。

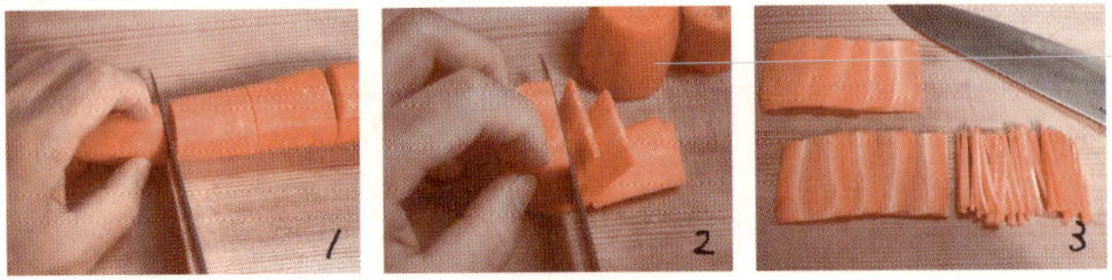

1. せん切りにしたい長さに野菜を切り分ける。
2. 次はせん切りにしたい厚みに野菜を薄切りにする。
3. 薄切りにした野菜を1枚1枚丁寧に重ね並べ、はしからせん切りにする。

※きれいなせん切りにするには、切り方3で野菜を並べる時に、野菜同士の重なりを小さくする。そうすることで切りやすく、目的の幅にそろえやすくなる。

大葉のせん切り

数枚をくるくる巻いてせん切りに。すぐにアク抜きすることが大切。

1. 大葉は5枚くらいをくるくる巻いて、はしからせん切りにする。
2. アクが出てくるので、すぐに水にさらし、しっかり水気を切ってから使う。

みょうがのせん切り

香りが強いので、細く細く丁寧にせん切りにすることが大切。

1. みょうがは色の悪い外側部分を取り除く。
2. 縦半分に切って、切り口を下にして置き、はしから細く細くせん切りにする。
3. アクが出てくるので、すぐに水にさらし、しっかり水気を切ってから使う。

第六章　甘味とおやつ

今も昔も変わらず家庭で作られているおやつの中に、
ぜんざいと蒸しパンがあります。
見るだけで安心できて、心を和ませてくれるようなおやつです。
手作りおやつが料理以上に日本の台所から消えつつある今だから
一番簡単でもあり、一番作ってほしい、
この二つのおやつをお伝えしようと思います。
白玉だんごやわらびもちの作り方も合わせて紹介します。

ぜんざい

材料（4人分）

- 小豆　300g
- 砂糖　250g
- 水（仕上げ用）　300cc
- 塩　ひとつまみ
- 切りもち　適宜

おいしく作るには

- 渋抜きは2回行う。
- 渋抜き後の下ゆでは、1時間程度かけてじっくりと。

1. 小豆はさっと洗って、1ℓくらいの水と合わせて火にかける（小豆の浸水は必要ない）。
2. 沸騰したらゆで汁を捨て、再び水を加えて火にかける。この作業を2回繰り返し、しっかり渋抜きをする。3回目の下ゆでは渋抜きをせずにそのまま弱火で1時間程度煮る。3回目の下ゆでの途中で、しわの寄っていた小豆がふっくらしてくる。

3. 3回目の下ゆでは小豆が煮汁から頭を出さないように、途中何度か水を差しながら行う。約1時間で、指で簡単につぶせるやわらかさになる。
4. ③をざる上げして汁を切り、分量の砂糖と仕上げ用の水、塩ひとつまみと合わせて火にかける。沸いてくれば火を弱め、10分くらい炊く。
5. 切りもちをオーブントースターなどでふっくら焼いて、④のぜんざいと合わせる。

夏は白玉だんごと合わせて、冷やしぜんざいに

白玉だんごの作り方（白玉粉100g、水100g使用）

1. 白玉粉と水をしっかり練り合わせ、棒状にのばした後に同じくらいの大きさにちぎる。
2. 手で丸めて楕円形にする。
3. 熱湯に入れ、浮いてきてから1分ゆでたものから冷水にとる。

蒸しパン

おいしく作るには

・しっとり仕上げるためのサラダ油を入れる。

・常に強火で蒸し上げる。

材料と作り方（12×15×深さ4cmの流し缶1個分、なければ厚手のアルミカップなどで）

・薄力粉 100g、ベーキングパウダー 小さじ1と1/2、卵2個、砂糖40g、牛乳40cc、サラダ油 大さじ2

1. 薄力粉とベーキングパウダーを合わせてふるいにかける。
2. 別のボウルに残りの材料を入れ、泡立て器で混ぜ合わせる。
3. しっかり混ざったらふるった粉類を入れ、練らないようにゴムべらなどでさっくりと混ぜる。
4. 流し缶の内側にオーブンシートを敷き、③の生地を流し入れ、しっかり蒸気の上がった蒸し器に入れる。
5. 終始強火で18〜20分蒸す。串を刺して何もついてこなければ蒸し上がり。好みのジャムと食べるとおいしい。

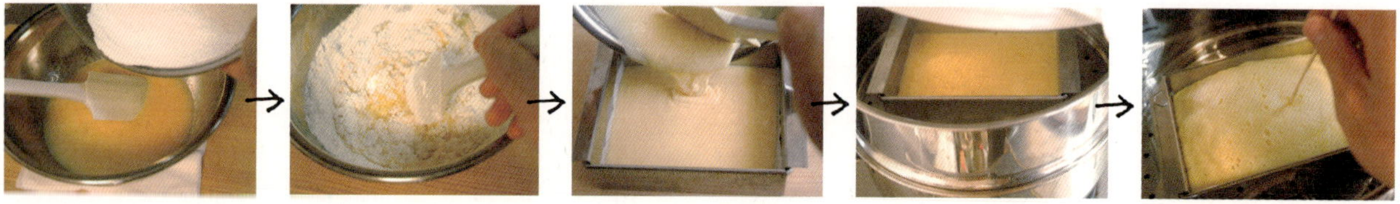

わらびもち

おいしく作るには

- 生地に透明感が出てから10分練る。
- 冷蔵庫で冷やしすぎるとかたくなるので、食べる30分くらい前に冷蔵庫に。

材料と作り方（4人分）

・わらび粉 80g、砂糖 120g、水 400cc、きな粉 適宜

※芋でんぷん由来の"わらびもち粉"よりも、粘りと香りの強い"本わらび粉"がおすすめ。少し黒っぽい仕上がりに。

1. わらび粉と砂糖をボウルに入れ、分量の水を加えてよく溶かし、こし器でこしながら鍋に移す。
2. 鍋を中火〜強火にかけて、液状だった生地が鍋底からかたまりはじめたら火を弱める（木べらやしゃもじで練りながら）。
3. 次第に生地に強い粘りと、その後に透明感が出てくる。そこから10分間、練る手を休めずに炊き続ける。
4. 流し缶やバットなどに流し入れて粗熱をとり、食べる30分くらい前に冷蔵庫に入れる。
5. 食べる直前に、水でぬらした手でわらびもちを取り出し、1個ずつ切り分けてからきな粉をまぶす。

第一章　ごはんを炊く

第二章　だしをひく

第三章　副菜と味付け

第四章　主菜と卵料理

第五章　漬け物とごはんのお供

第六章　甘味とおやつ

冨田唯介（冨田ただすけ）

生まれは山口、現在は愛知在住。
一日30,000人以上（2013年4月現在）の訪問がある話題の大人気和食レシピサイト『白ごはん.com』を主宰し、2013年に脱サラして料理研究家としてスタートする。

「贅沢な素食」を丁寧に伝えることをモットーに、料理、写真すべてを自身で手掛け、本書においてはすべてのイラストをゴム版画で手作りするという、根っからの手仕事好き。

ホームページ http://www.sirogohan.com

白ごはん.com
古きよき家庭料理実用書

2010年4月16日 初版第1刷発行
2016年2月4日 初版第4刷発行

著者　　冨田 唯介
編集　　長澤 智子（P's）
発行人　長廻 健太郎
発行所　バジリコ株式会社
　　　　〒130-0022 東京都墨田区江東橋3-1-3
　　　　電話　03-5625-4420
　　　　ファックス　03-5625-4427
　　　　http://www.basilico.co.jp
印刷・製本　図書印刷株式会社

乱丁、落丁本はお取替えいたします。
本書の無断模写模製（コピー）は、著作権法上の例外を除き、禁じられています。
価格はカバーに表示してあります。

© 2010 Tomita Tadasuke, Printed in Japan
ISBN 978-4-86238-165-1